생활 한자와 한의학

생활 한자와 한의학

반재유 · 유준상 지음

杏林書院

머리말

이 책은 대학생들의 생활한자와 한의학 전공자들의 기초한자 능력을 다지기 위해 만들었다. 대학에서 한문을 강의하다 보면, 학생들에게 왜 한자학습이 필요하며 어떠한 의미가 있는가에 대한 물음에 답을 주어야 할 때가 있다. 이에 대한 모범답안을 찾을 수 있다면, 강의에 대한 많은 부담을 내려놓을 수 있을 것 같은데 아직은 중언부언 설명만 많을 뿐이다. 그러나 한 가지 명확한 사실은, 한문은 과거 한자문화권의 공통 글말로서 해당 국가들의 역사와 문화, 철학을 담고 있는 언어라는 것이다. 이 글말에 대한 학습은 단순히 의사전달 수단으로서의 옛 문자를 공부하는 것이 아닌, 고왕금래 인류의 생활과 사상을 배우고 이해하는 과정이라 할 수 있다.

본서에는 가급적 많은 정보보다는 기초학습에 필요한 내용만을 충실히 담고자 하였다. 먼저 제1부에서는 한자의 기원과 함께 육서와 부수 등의 조자(造字) 원리 및 문법에 대한 내용을 다루었다. 관련 설명들은 가급적 출전을 밝혀 학습자의 이해를 돕고자 하였으며, 문법의 경우 기본이 되는 내용만을 선별하여 정리하였다.

제2부인 생활한자 편에서는, 사람의 '얼굴'(귀·눈·코·입·머리)에 관련된 어휘와 함께 사람이 살아가는 '사회'(의복·음식·주거·관례·혼례·상례·제례), 그리고 주변 '자연'(춘하추동·금수충어·초목·강산·방위)에 대한 어휘들을 정리하였다. 개별 한자의 [자원(字源)]과 특정 [부수(部首)]의 어휘군을 함께 살펴보면서, 우리가 실생활에서 사용하는 언어에 대하여 다시금 깊이 성찰할 수 있는 기회가 될 것이다. 또한, 해당 주제와 관련된 우언(寓言) 등의 [문장(文章)]과 연관 어휘들을 탐색할 수 있는 [학습(學習)]란을 통해 지식의 폭을 한층 넓혀줄 것으로 기대한다.

제3부인 한의학 한자 편에서는, 한의학의 '체질'(한의학·사상체질·음양오행·오장육부)을 설명하는 용어들과 더불어 신체적 '질병'(신체·경락·경혈·생로병사·병환·병인)과 '치료'(진단·맥진·한약·치료·침구·부항·

추나・기공)의 방법・과정 등 대한 관련 어휘들을 정리하였다. 용어의 풀이는 『한의학대사전』(한의학대사전 편찬위원회)과 『대한한의학회 표준한의학 용어집 2.1』(대한한의학회), 『한국고전용어사전』(세종대왕기념사업회), 『간호학대사전』(대한간호학회) 등의 설명을 참조하였다.

　마지막으로 제4부인 생활・한의학 한자쓰기에서는, 제2부와 제3부에서 다루었던 주요 어휘 100단어를 선별하여 학습자가 직접 따라 쓰게 함으로써 정확한 낱글자를 익힐 수 있도록 구성하였다. 표의문자인 한자를 익히는 데 있어 쓰기의 중요함은 너무나 자명한 사실이다. 본 과정을 통해 스스로 한자를 읽고 쓰는 법을 학습하여 한자 능력에 대한 자신감을 가질 수 있도록 도왔다.

　책의 구성과 내용은 오랜 고민에서 나온 것이지만, 집필과정에 있어 다소 급히 진행된 면모가 있다. 책의 미흡한 부분은 추후로도 강의 현장의 소리를 들으며 수정해나갈 계획이다. "글로써 벗을 모으고, 벗으로써 어질게 됨을 돕는다(以文會友 以友輔仁)"고 하였다. 강의교재로 사용하기 위해 제작된 책인 만큼, 대학 생활에 좋은 벗을 모을 수 있는 교재로 활용되기를 희망한다. 원고집필에 도움을 주신 연세대 김형태 교수님께 감사드리며, 정성을 다해 책을 꾸며준 행림서원에 감사의 말씀을 전한다.

2023년 立春
반재유・유준상

[차례]

제1부 한자의 이해

Ⅰ. 한자의 기원

1. 서계 기원설 書契 起源說

上古結繩而治, 後世聖人易之以書契.
상고시대 새끼줄로 매듭을 매어 세상을 다스렸다. 이후 세상일이 점차 복잡해짐에 따라 성인이 서계를 만들어 이를 쉽게 하였다.

[출전 : 주역-계사하전]

이정조李鼎祚의 『주역집해周易集解』에서는 "옛날에는 문자가 없었으므로 약속하거나 맹서할 일이 있으면 그 일이 큰 경우에는 새끼줄의 매듭을 크게 하고 작은 일일 때에는 매듭을 작게 하였다. 매듭이 많고 적음에 따라 물건의 많고 적음을 나타내기도 하였는데, 각각의 방식을 이용하면서부터 서로 약속과 맹서가 잘 다스려졌다. [古者無文字, 其有約誓之事, 事大, 大其繩, 事小, 小其繩, 結之多少, 隨物衆寡, 各執以來, 亦足以相治也]"고 풀이하였다. 이를 통해 처음에는 끈이나 새끼줄 따위를 묶어 의미를 표시했던 결승結繩이 문자와 같은 구실을 하였다가 점차 서계書契로 발전해 갔음을 알 수 있다.

2. 하도낙서 기원설 河圖洛書 起源說

是故天生神物, 聖人則之, 天地變化, 聖人效之, 天垂象, 見吉凶, 聖人象之, 河出圖, 洛出書, 聖人則之.

그러므로 하늘이 신묘한 물건을 내자 성인이 그것을 법칙으로 삼았으며, 하늘과 땅이 변화하자 성인이 그것을 본받았으며, 하늘이 상을 드리워 길흉을 드러내자 성인이 그것을 형상하였으며, 하수에서 그림이 나오고 낙수에서 글씨가 나오자 성인이 그것을 법칙으로 삼았다.

[출전 : 주역-계사상전]

<하도河圖>는 복희伏羲가 하수河水에서 얻은 그림으로, 용마龍馬의 등에서 나왔다. 이것에 의해 복희는 『주역周易』의 팔괘八卦를 만들었다고 한다. <낙서洛書>는 하우夏禹가 낙수洛水에서 얻은 글로, 신귀神龜의 등에서 나왔다. 이것에 의해 하우는 천하를 다스리는 대법大法으로서의 <홍범구주洪範九疇>를 만들었다고 한다. <하도>와 <낙서> 모두 자연의 모습을 수리數理로 표시한 것으로, 일정하고 체계적인 의미를 전달하고 있다는 점에서 한자의 출발과 연관 지을 수 있다.

3. 창힐 조자설 倉頡 造字說

黃帝之史倉頡, 見鳥獸蹏迒之迹, 知分理之可相別異也, 初造書契.

황제의 사관 창힐이 새와 길짐승들의 발자취를 보고 나누어진 무늬가 서로 구분될 수 있음을 알게 되어 처음으로 서계를 만들었다.

[출전 : 설문해자]

기원전 27세기에 황제黃帝의 사관史官인 창힐[倉頡·蒼頡]이 새와 길짐승의 발자취를 보고, 무늬를 분류하여 글자의 효시嚆矢인 서계書契를 만들었다고 한다. 창힐 조자설造字說은 앞서 소개한 각종 한자의 기원설을 창힐 한 사람에게 모아서 붙인 설명방식이다. 장회관張懷瓘의 『서단書斷』에서 "창힐은 네 개의 눈을 가지고 있어 신명에 통달했다[頡首有四目通於神明]"고 하였다.

Ⅱ. 육서의 이해

육서六書는 한자의 구성 원리와 사용방식에 대한 여섯 가지 유형을 이른다. 육서 이론은 한나라 때 생겼지만, 그 이전부터 이어온 조자造字의 경험을 종합한 것이다. 육서라는 어휘는 『주례周禮』에서 처음 보이며, 『칠략七略』(劉歆)과 『한서漢書』(班固) 등에서 육서에 대한 해석을 붙였다.

후한後漢 허신許愼은 선학의 육서 이론을 정리하여 『설문해자說文解字』에 기록하였는데, 현재 전하는 육서의 개념은 허신의 정리에 기초한 것이다.

1. 상형 象形

象形者, 畫成其物, 隨體詰詘, 日月是也.
상형이란, 그 사물을 그려낸 것으로, 몸체의 굴곡을 따라 하였으니, 日과 月이 그것이다.

[출전 : 설문해자]

상형象形은 지사指事와 함께 글자를 만드는 가장 기초적인 방법으로, 구체적 사물의 모양을 본떠서 만들었다. '상象'이란, 코끼리 모양에서 파생되어 '본뜨다'는 의미를 가진다. 일반적으로 동식물이나 자연의 모습, 인체, 물건의 형태 등을 본뜬 글자가 상형에 해당 된다. 비록 숫자는 적으나 한자의 기본 출발점이라고 할 수 있다.

한자	뜻/음	자원字源
日	날[일]	태양과 흑점의 모양.
月	달[월]	초승달 혹은 상현달의 모양.
木	나무[목]	나무의 뿌리와 가지의 모양.
人	사람[인]	사람이 허리를 굽히고 서 있는 모습.
雨	비[우]	하늘에서 빗방울이 떨어지고 있는 모양.
火	불[화]	불길이 솟아오르는 모양.
水	물[수]	시냇물이 흐르고 있는 모양.

2. 지사 指事

指事者, 視而可識, 察而見意, 上下是也.
지사란, 보아서 알 수 있고, 살펴서 뜻을 볼 수 있는 것이니, 上과 下가 그것이다.

[출전 : 설문해자]

지사指事는 상징적인 부호를 사용하여서 기록하고자 하는 어휘를 나타낸 방식이다. 기존 사물의 모양을 본뜬 조자造字 방식에서 벗어나 자연현상이나 사물 간의 관계 등 추상적인 의미까지 글자로 표현할 수 있게 되었다. 지사에는 점과 선 등의 기호만을 이용해 독립적인 의미를 가지도록 표현한 것

과, 이미 만들어진 상형자를 변형하거나 기호를 덧붙여 의미를 나타낸 글자
도 있다.

한자	뜻/음	자원字源
上	위[상]	一 위쪽(하늘)에 ·을 표기함.
下	아래[하]	一 아래쪽(땅)에 ·을 표기함.
曰	가로[왈]	상형자인 口 안쪽(입속)에 ·을 표기함.
本	근본[본]	상형자인 木 아래쪽(뿌리)에 ·을 표기함.
末	끝[말]	상형자인 木 위쪽(가지끝)에 ·을 표기함.
刃	칼날[인]	상형자인 刀 앞쪽(칼날)에 ·을 표기함.
寸	마디[촌]	상형자인 又 아래쪽(손목)에 ·을 표기함.

3. 회의 會意

> 會意者, 比類合誼, 以見指撝, 武信是也.
> 회의란, 비슷한 종류로 뜻을 모아서, 가리키는 바를 나타내는 것이니, 武와
> 信이 그것이다.
>
> [출전 : 설문해자]

　회의會意는 뜻[意]을 모은다[會]라는 의미로, 글자의 뜻[意]과 뜻[意]을 합쳐
그 의미를 조합한 방식이다. 두 개 이상의 상형자나 지사자를 하나의 글자
로 결합하여 새로운 뜻을 가지도록 한 것이다. 이처럼 글자를 조합하는 이
유는 무수히 많은 사물의 명칭이나 개념들을 모두 상형자나 지사자로만 표
현할 수 없기 때문이다.

한자	뜻/음	자원字源
武	무예[무]	戈(창 과)와 止(발 지)가 결합한 모습.
信	믿을[신]	人(사람 인)과 言(말씀 언)이 결합한 모습.
休	쉴[휴]	人(사람 인)과 木(나무 목)이 결합한 모습.
集	모일[집]	木(나무 목)에 隹(새 추)가 결합한 모습.
明	밝을[명]	日(날 일)과 月(달 월)이 결합한 모습.
初	처음[초]	衤(옷 의)와 刀(칼 도)가 결합한 모습.
安	평안[안]	宀(집 면)과 女(여자 여)가 결합한 모습.

회의자會意字 가운데는 같은 모양을 병첩竝疊으로 조합한 글자들이 있는데, 동체同體 내지 중첩重疊 회의자 등으로도 표현한다. 이자二字 병첩 외 삼자三字 이상의 병첩도 다수 존재한다.

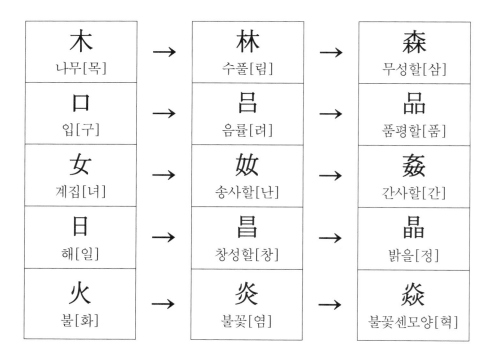

水 물[수]	→	林 두갈래강[추]	→	淼 아득할[묘]
龍 용[룡]	→	龖 두마리용[답]	→	龘 용가는모양[답]

4. 형성 形聲

> 形聲者, 以事爲名, 取譬相成, 江河是也.
> 형성이란, 사물을 가리킨 글자로 뜻[義部]을 삼고, 비유한 글자[聲部]를 취해 서로 이룬 것이니, 江과 河가 그것이다.
>
> [출전 : 설문해자]

　형성形聲은 뜻[形符]과 소리[聲符]의 결합을 의미한다. 회의會意와 마찬가지로 두 개 이상의 상형자나 지사자를 하나의 글자로 결합하여 새로운 뜻을 가지도록 한 것인데, 다만 글자의 조합과정에서 본래의 의미와 관계없이 음만 관여하는 글자가 결합 된다는 차이점을 가진다.

한자	뜻/음	자원字源
江	강[강]	뜻을 나타내는 水(물)과 음을 나타내는 工(공→강)이 결합한 모습.
河	물[하]	뜻을 나타내는 水(물)과 음을 나타내는 可(가→하)가 결합한 모습.
情	뜻[정]	뜻을 나타내는 心(마음)과 음을 나타내는 靑(청→정)이 결합한 모습.
昭	밝을[소]	뜻을 나타내는 日(해)과 음을 나타내는 召(소)가 결합한 모습.

語	말씀[어]	뜻을 나타내는 言(말씀)과 음을 나타내는 吾(오→어)가 결합한 모습.
嫁	시집갈[가]	뜻을 나타내는 女(여자)와 음을 나타내는 家(가)가 결합한 모습.
楓	단풍[풍]	뜻을 나타내는 木(나무)과 음을 나타내는 風(풍)이 결합한 모습.

대체로 형부形符에 해당하는 글자가 부수자部首字가 되며, 같은 성부聲符를 가진 글자 사이에는 유사음類似音을 확인할 수 있다. 성부의 자획이 너무 많아 복잡할 때에는 자획의 일부를 삭감한 생성省聲을 쓰기도 한다.

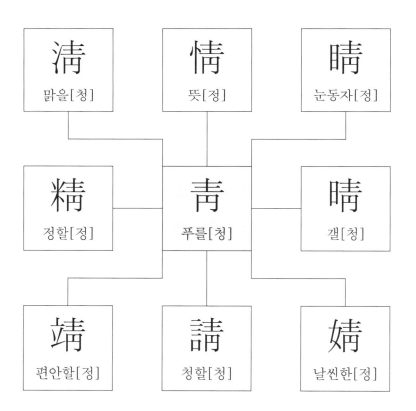

5. 전주 轉注

轉注者, 建類一首, 同意相受, 考老是也.
전주란, 한 부수의 글자를 종류별로 세워, 같은 의미를 서로 주고받는 것이니, 考와 老가 그것이다.

[출전 : 설문해자]

전주轉注는 각 시대별 이견異見이 분분하여, 아직 정설定說이 없다. 다만 상형象形, 지사指事, 회의會意, 형성形聲이 한자의 구성원리라고 한다면, 전주轉注는 가차假借와 더불어 한자의 운용규칙이라고 할 수 있다. 전주는 기본적으로 문자가 가지고 있는 확장과 연상의 작용을 통해 새로운 의미와 사용방식이 확대되는 것이다. 전주는 뜻만 바뀌는 형전形轉과 독음까지 바뀌는 음전音轉으로 나눌 수 있다.

한자	자원字源	
老	늙다 → 익숙하다(老/考) → 쇠약하다	形轉
桐	오동나무 → 거문고(琴)	
倚	가래나무 → 의자	
樂	풍류(악) → 즐거워하다(락) → 좋아하다(요)	音轉
惡	악하다(악) → 미워하다(오)	
度	법도(도) → 헤아리다(탁)	
葉	잎 → 장(종이를 세는 단위) → 시대(엽)/성씨(섭)	

6. 가차 假借

假借者, 本無其字, 依聲託事, 令長是也.
가차란, 원래 그 글자가 없어, 소리를 따라 사물에 의탁하는 것이니, 令과 長이 그것이다.

[출전 : 설문해자]

가차假借는 나타내고자 하는 뜻의 글자가 없는 때, 같은 음을 가진 글자를 빌려 해당 어휘를 표기하는 방식이다. 전주가 원래 의미와 새로운 의미 사이에서 상호관계를 유지하고 있다면, 가차는 원래 의미를 완전히 지워버림으로써, 원초적 조자 원리와 오늘날 사용하고 있는 새로운 의미의 관계를 단절시킨다. 그러나 가차 가운데는 연관된 뜻을 가진 글자를 빌린 경우가 많아서 오직 음에 근거했다고 보기는 어렵다. 또한 감탄사나 의성/의태어, 외래/외국어 등에 가차 방식을 사용하면서 표의문자表意文字로서 발생하는 한계를 극복하였다.

한자	자원字源
令	명령하다 → 장관/우두머리
長	길다 → 어른/우두머리
北	등지다 → 방위
莫	저물다 → 없다
自	코 → 스스로
然	불타다 → 그러하다
亦	겨드랑이 → 또한
嗚呼	아아/어허 (슬프거나 탄식할 때 내는 소리)

呵呵	하하 (웃음소리)
堂堂	당당 (위엄 있고 떳떳한 모양)
瑟瑟	솔솔 (바람이 가볍게 부는 소리)
羅甸	라틴 (Latin)
華盛頓	워싱턴 (Washington)
阿弗利加	아프리카 (Africa)

Ⅲ. 부수의 이해

1. 부수의 개념

부수部首는 한자에서 같은 편방偏旁에 속하는 부목部目을 가리킨다. 처음 부수로 한자의 분류를 시도한 것은 『설문해자』이다. 같은 형부形符를 지닌 글자들을 분류하여 전체 540부部로 구획했는데, 점차 정리되어 『자휘字彙』·『강희자전康熙字典』에 이르러 오늘날 쓰고 있는 214자로 확정되었다.

부수는 한자를 체계적으로 나누어 분류하는데 기본이 되는 글자이다. 그래서 한자 자전字典은 기본 글자인 부수를 기준으로, 1획부터 17획까지 획수가 점차 많아지는 순서로 정렬하고 있다. 부수는 글자 안에서 높이와 위치에 따라 여덟 종류인 머리, 변邊, 방傍, 발/밑, 받침, 엄, 몸, 제부수로 분류한다.

2. 부수의 분류

1) 머리 : 부수가 글자의 윗부분에 있는 것
- ■ 宀 [갓머리, 집 면] : 安[편안할 안], 客[손 객], 守[지킬 수]
- ■ 艸/艹/⺾ [초두머리, 풀 초] : 苦[쓸 고], 英[꽃부리 영], 萬[일만 만]

 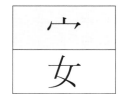

2) 변邊 : 부수가 글자의 왼쪽에 있는 것
- ■ 亻/人 [사람인변, 사람 인] : 俗[풍속 속], 代[대신할 대], 供[이바지할 공],
- ■ 氵/水 [삼수변, 물 수] : 漢[한나라 한], 河[강이름 하], 淸[맑을 청]

3) 방傍 : 부수가 글자의 오른쪽에 있는 것
- ■ 刂/刀 [선칼도방, 칼 도] : 利[날카로울 리], 別[나눌 별], 列[줄 렬]
- ■ 阝/邑 [우부방, 고을 읍] : 郡[고을 군], 邦[나라 방], 部[거느릴 부],

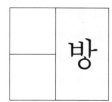 

4) 발/밑 : 부수가 글자의 아랫부분에 있는 것
- ㄴ灬/火 [연화발, 불 화] : 熱[더울 열], 無[없을 무], 然[그러할 연]
- ㄴ皿 [그릇명밑, 그릇 명] : 益[더할 익], 盛[담을 성], 盃[잔 배]

5) 엄 : 부수가 글자의 위와 왼쪽을 덮고 있는 것
- ㄴ广 [엄호, 집 엄] : 庫[곳집 고], 店[가게 점], 序[차례 서],
- ㄴ尸 [주검시엄, 주검 시] : 尾[꼬리 미], 尿[오줌 뇨], 尺[자 척]

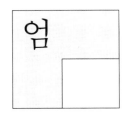 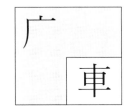

6) 몸 : 부수가 글자를 에워싸고 있는 것
- ㄴ匚 [감출혜몸, 감출 혜] : 區[구분할 구], 匹[짝 필], 匿[숨을 닉]
- ㄴ囗 [큰입구몸, 에울 위] : 困[괴로울 곤], 回[돌 회], 固[굳을 고],

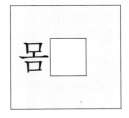 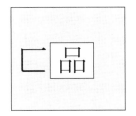

7) 제 부수 : 글자 자체가 부수인 것
■ 大[큰 대], 木[나무 목], 谷[골 곡], 金[쇠 금], 馬[말 마], 齒[이 치],
鼻[코 비] 등

3. 변형 부수

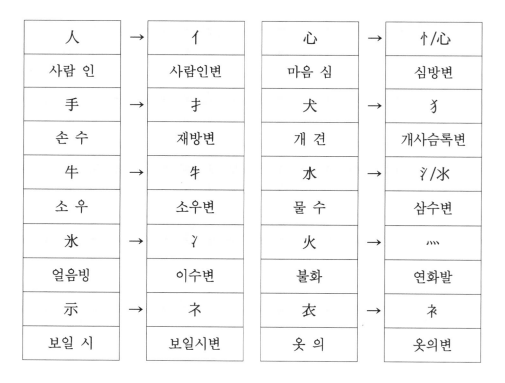

人	→	亻		心	→	忄/心
사람 인		사람인변		마음 심		심방변
手	→	扌		犬	→	犭
손 수		재방변		개 견		개사슴록변
牛	→	牜		水	→	氵/氺
소 우		소우변		물 수		삼수변
氷	→	冫		火	→	灬
얼음빙		이수변		불화		연화발
示	→	礻		衣	→	衤
보일 시		보일시변		옷 의		옷의변

艸/草	→ ⺾	爪	→ ⺥
풀 초	초두머리	손톱 조	손톱조머리
肉	→ 月	玉	→ 王
고기 육	육달월변	구슬 옥	구슬옥변
老	→ 耂	虎	→ 虍
늙을 노	늙을노엄	범 호	범호엄
竹	→ ⺮	网	→ 罒/⺲/⺳
대 죽	대죽머리	그물 망	그물망머리
刀	→ 刂	攴	→ 攵
칼 도	선칼도방	칠복	등글월문방
邑	→ 阝	阜	→ 阝
고을 읍	우부방	언덕 부	좌부변
川	→ 巛	辵	→ 辶
내 천	개미허리	쉬엄쉬엄갈 착	책받침
足	→ ⻊	疋	→ 正/疋
발 족	발족변	짝필	짝필
食	→ 飠/食	卩	→ 㔾/卩
밥 식	밥식변	병부절	병부절
彐	→ 彐/彑	歹	→ 歺
돼지머리 계	튼가로왈	살바른뼈 알	죽을사변

Ⅳ. 품사와 문장구조

1. 실사 實辭

단어에 실재적 의미가 들어 있는 것으로 명사名詞, 대명사代名詞, 동사動詞, 형용사形容詞, 부사副詞가 있다. 우리말과 같이 명사와 동사, 형용사가 문장에서 중심을 이루지만, 해당 실사實辭들을 대신하는 대명사와 더불어, 문장의 중요 의미를 결정하는 부사의 용례를 파악하는 것이 중요하다.

---

1) 대명사 代名詞
→ 명사뿐만 아니라 형용사나 부사를 대신해 사용함.

---

(1) 인칭대명사 人稱代名詞
- 1인칭 : 我[나 아], 吾[나 오], 余[나 여], 予[나 여], 己[나 기], 身[나 신], (謙語: 小人[소인], 愚[우], 不肖[불초]
- 2인칭 : 子[너 자], 汝/女[너 여], 爾/儞[너 이], (尊稱: 君[군], 公[공], 先生[선생]
- 3인칭 : 彼[저 피], 他[저 타], 伊[저 이], 厥[저 궐], 其[저 기]

(2) 지시대명사 指示代名詞
- 이것 : 是[이 시], 此[이 차], 斯[이 사], 寔[이 식]
- 그것 : 彼[그 피], 其[그 기], 他[그 타], 厥[그 궐], 之[그것 지]

(3) 의문/부정칭대명사 疑問/不定稱代名詞
- 의문 : 誰[누구 수], 孰[누구 숙], 何[어느 하], 安[어느 안]
- 부정칭 : 或[혹 혹], 皆[모두 개], 諸[모두 제], 咸[다 함], 某[아무개 모], 各[각자 각]

2) 부사 副詞
→ 동사나 형용사 또는 다른 부사를 수식하여 정도, 범위, 시간, 부정 등을 나타내는 단어.

(1) 정도부사 程度副詞
最[가장 최], 甚[매우 심], 至[지극히 지], 益[더욱 익], 必[반드시 필], 尙[오히려 상], 常[항상 상]

(2) 시간부사 時間副詞
■ 과거 : 已[이미 이], 旣[이미 기], 嘗[일찍이 상], 曾[일찍이 증]
■ 현재 : 今[이제 금], 方[바야흐로 방], 始[비로소 시], 遂[마침내 수]
■ 미래 : 將[장차 장], 且[또 차], 次[다음 차]

(3) 의문/반어부사 疑問/反語副詞
■ 何[어찌 하], 豈[어찌 기], 安[어찌 안], 焉[어찌 언], 寧[어찌 녕], 奚[어찌 해], 曷[어찌 갈] ,惡[어찌 오], 胡[어찌 호], 盍[어찌아니 합](=何不)

(4) 한정부사 限定副詞
■ 다만 : 但[다만 단], 只[다만 지], 直[다만 직], 徒[다만 도]
■ 오직 : 唯[오직 유], 惟[오직 유], 維[오직 유], 獨[오로지 독], 須[모름지기 수]

(5) 가정/강조부사 假定/强調副詞
■ 가정 : 若[만약 약], 如[만약 여], 雖[비록 수], 苟[진실로 구], 誠[진실로 성], 假令[가령], 假使[가사], 假若[가약], 設令[설령]
■ 강조 : 況[하물며 황], 亦[또한 역], 猶[오히려 유]

2. 허사 虛辭

특별한 뜻 없이 맥락에 따라 다양한 문법적 기능과 의미를 내포하는 것으로, 보조사補助詞, 접속사接續詞, 개사介詞, 종결사終結詞, 감탄사感嘆詞가 있다.

---

1) 보조사 補助詞
→ 서술어인 동사와 형용사를 보조하는 역할을 함.

---

(1) 가능可能 : 能/能以[능이], 可/可以[가이], 足/足以[족이], 得/得以 [득이]

(2) 부정否定 : 不[아니 불], 弗[아니 불], 非[아닐 비], 未[아닐 미], 無 [없을 무], 莫[없을 막]

(3) 사동使動 : 使[하여금 사], 敎[하여금 교], 令[하여금 령], 俾[하여금 비]

(4) 피동被動 : 被[당할 피], 見[당할 견], 爲Ⓐ所Ⓑ/見Ⓑ於Ⓐ/爲Ⓑ於Ⓐ [Ⓐ에게 Ⓑ를 당하다]

(5) 금지禁止 : 勿[말 물], 莫[말 막], 毋[말 무], 無[말 무]

(6) 미래/욕망未來/欲望 : 欲[하고자할 욕], 願[원할 원], 請[청할 청], 將[장차 장]

(7) 당위當爲 : 當[마땅할 당], 宜[마땅할 의], 應[응당 응], 須[모름지기 수]

---

2) 접속사 接續詞
→ 연사連詞라고도 하며, 문장을 이어주는 역할을 함.

---

(1) 순접順接 : 而[말이을 이], 乃[이에 내], 然則[연즉], 然後[연후], 以後[이후]

(2) 역접逆接 : 而[말이을 이], 然[그러할 연], 抑[그러나 억]

(3) 인과/가정因果/假定 : 則[곧 즉], 故[연고 고], 是以[시이], 是故[시고], 於是[어시]

---

3) 개사 介詞
→ 문장 속의 위치로 인하여 전치사前置詞/후치사後置詞의 명칭을 쓰기도 하며, 어조사語助辭라 부르기도 함.

---

(1) 일반전치사 一般前置詞 : 於, 于, 乎, 諸(≒之於)
(2) 전성전치사 轉成前置詞 : 自/由/從 [부터], 與[더불 여], 以[써 이], 爲[위할 위], 以爲Ⓐ[Ⓐ로 삼다], 以Ⓐ爲Ⓑ[Ⓐ를 Ⓑ로 삼다]
(3) 후치사 後置詞 : 之 [주격(이, 가)/관형격(의)]

---

4) 종결사 終結詞
→ 문장의 끝에 놓여 문장의 종류를 결정함.

---

(1) 단정斷定
■ 也 : 吾師道也 [나는 도를 스승으로 여긴다.]
■ 矣 : 我知之矣 [내가 그것을 알게 되었다.] → 상황의 변화
■ 焉 : 三人行必有我師焉 [세 사람이 가면 그것에 반드시 내 스승이 있다.]

(2) 한정限定
■ 耳 (≒爾, 已, 而已, 而已矣) : 我知種樹而已 [나는 나무를 심을 줄만 알 뿐이다.]

(3) 의문/감탄疑問/感歎
■ 乎 (≒歟, 耶), 哉 : 爲人謀而不忠乎 [남을 위하여 일을 도모함에 충성스럽지 아니했는가.]

5) 감탄사 感歎詞
→ 독립어獨立語로 떨어져 문장 앞에 사용되며, 감정이나 대답 등을 표현함.

(1) 감정感情 : 嗚呼오호, 噫희, 於乎오호, 嗟乎차호, 惡오
(2) 대답對答 : 兪/然/諾[긍정], 吁[부정]

3. 문장구조 文章構造

1) 주술구조 主述構造
→ 주어와 술어가 결합한 형태로, 일반적으로 주어 뒤에 술어가 오는 구조를 취함.

■ 日出月落 [해가 뜨고, 달이 짐]

2) 술목구조 述目構造
→ 서술어와 목적어가 결합한 형태로, 서술어가 뒤에 오는 목적어를 한정하거나 꾸미는 구조를 이룸.

■ 修身齊家治國平天下 [심신을 닦고, 집안을 가지런히 하며, 나라를 다스리고, 천하를 평정함]

3) 술보구조 述補構造
→ 서술어와 보어가 결합한 형태로, 뒤에 오는 보어가 술어를 보충하는 역할을 함. 보어는 일반적으로 명사, 형용사 등이 쓰이지만 전치사구(전치사+ 명사)로 쓰이기도 한다.

■ 명사/형용사 : 學難成 [학문은 이루기가 어렵다]
■ 전치사구 : 靑出於藍 [청색은 쪽 풀에서 나왔다]

4) 수식구조 修飾構造
→ 꾸미는 말과 꾸밈을 받는 말이 결합한 형태로, 꾸미는 말인 수식어는 우리말의 관형어나 부사어 같은 역할을 함.

■ 관형어 역할 : 淸風明月 [맑은 바람, 밝은 달]
■ 부사어 역할 : 至高至純 [지극히 고결하고, 지극히 순수함]

5) 병렬구조 竝列構造
→ 두 개 이상의 글자가 서로 대등한 관계에서 결합한 형태로, 상보적 관계에서 결합하는 대등구조對等構造와 서로 대립되는 관계에서 결합하는 대립구조對立構造, 동일한 글자나 표현이 결합하는 중첩구조重疊構造 등이 있음.

■ 대등 : 東西南北 [동서남북]
■ 대립 : 高低長短 [고저장단]
■ 중첩 : 正正堂堂 [정정당당]

제2부 생활한자
(얼굴-사회-자연)

Ⅰ. 얼굴

1. 귀 耳

【字源/部首】

1) 총명 聰明

聰[耳, 귀 밝을 총]/明[日, 밝을 명]

■ 聰明 [총명] : 귀가 잘 들리고 눈이 밝다는 의미로, 영리하고 재주 있음을 지칭함. 성인의 네 가지 덕인 '듣지 못한 것이 없고[聰]', '보지 못한 것이 없으며[明]', '사리에 밝지 못한 것이 없고[睿]', '알지 못하는 것이 없다[智]' 가운데, 두 가지 덕목을 지칭하기도 함.

  ◆ 聰 : 形聲. 耳+悤(音). '悤총'은 '總총'과 통하여, '모으다'의 뜻. 청각 신경을 모으다, 귀 밝다의 뜻에서, '명민하다, 총기 있다'의 뜻을 나타냄.
  ◆ 明 : 會意. 甲骨文에서부터 '明명'·'朙명' 두 體體가 있음. '明'은 日

+ 月로, '밝다'의 뜻. '朚'은 囧+ 月로, '朚경'은 창문을 본뜬 것. 창문을 비추는 달의 뜻에서 '밝다'의 뜻을 나타냄.

2) 이순 耳順

耳[耳,귀 이]/順[頁,순할 순]

■ 耳順 [이순] : 60세. 공자孔子가 예순 살이 되어서는 천지만물天地萬物의 이치理致에 통달하였으므로, 어떤 일을 들어도 다 이해理解하였다 한 것에서 이름.

- ◆ 耳 : 象形. 金文으로도 알 수 있듯이, 귀의 象形으로, '귀'의 뜻을 나타냄.
- ◆ 順 : 形聲. 頁+川(音). '川천'은 한 줄기를 이루어 흐르는 내의 뜻. '頁혈'은 '얼굴'의 뜻. 얼굴을 순하게 하여 사태가 흘러가는 대로 맡겨두다, 따르다, 좇다의 뜻을 나타냄.

■ 耳를 부수로 하는 한자
⇒ 소리나 듣기 등 귀와 관련된 의미 및 행동을 나타냄.

- ◆ 聞 [들을 문] : 寡聞과문, 聞一知十문일지십
- ◆ 聲 [소리 성] : 肉聲육성, 音聲음성
- ◆ 聽 [들을 청] : 聽講청강, 傾聽경청

【文章】

非其位而居之曰貪位, 非其名而有之曰貪名, (…) 反聽之謂聰, 內視之謂明, 自勝之謂彊.

비기위이거지왈탐위, 비기명이유지왈탐명, (…) 반청지위총, 내시지위명, 자승지위강.

[출전 : 史記-商群列傳]

그 자리가 아닌데 그 자리를 차지하는 것을 '탐위貪位'라 하고, 그 명예가 아닌데 그 명예를 가지는 것을 '탐명貪名'이라고 합니다. (…) 자신을 돌아보며 다른 사람의 말을 듣는 것을 '총聰'이라 하고, 그 마음을 들여다보는 것을 '명明'이라 하며, 자신을 이기는 것을 '강彊'이라 합니다.

【學習 : 年齡 관련 語彙】

(1) 논어[論語-爲政]에서 연령年齡을 지칭하는 용어
- ◆ 15세 : 志學지학
- ◆ 30세 : 而立이립
- ◆ 40세 : 不惑불혹
- ◆ 50세 : 知天命지천명
- ◆ 60세 : 耳順이순
- ◆ 70세 : 從心所欲不踰矩종심소욕불유구

(2) 곡강[曲江-杜甫] 연령年齡을 지칭하는 용어
- ◆ 70세 : 人生七十古來稀인생칠십고래희 → 古稀고희

2. 눈 目

【字源/部首】

1) 백안시 白眼視

白[白,흰빛 백]/眼[目,눈 안]/視[見,볼 시]

▣ 白眼視 [백안시] : 눈알의 흰자위를 보이며 흘겨본다는 뜻으로, 상대방을 무시하거나 업신여기는 행동 또는 눈빛을 지칭함. 위진魏晉시대 죽림칠현竹林七賢 중 한명인 완적阮籍이 모친상을 당했을 때 지기인 혜강嵇康이 조문을

오자 청안靑眼으로 대하였고, 혜강의 형 혜희嵆喜가 찾아 왔을 때는 백안白眼
으로 대하였다고 하는 데서 유래함.

◆ 白 : 象形. 머리가 흰 뼈의 象形이라고도 하고, 햇빛의 象形이라고
도 하고, 도토리 열매의 象形이라고도 하며, '희다'의 뜻을 나타냄.
◆ 眼 : 形聲. 目＋艮(㠯)(音). '㠯흔·안'은 사람의 눈을 강조한 모양을
본떠, '눈'의 뜻. 뒤에, 그 뜻을 분명히 하려고 다시 '目목'을 덧붙임.
◆ 視 : 形聲. 見＋示(音). '示시'는, 손가락으로 가리키다의 뜻. 한 점點
에 시선視線을 집중시켜서 보다의 뜻을 나타냄.

2) 백미 白眉

白[白,흰빛 백]/眉[目,눈썹 미]

■ 白眉 [백미] : 여럿 가운데 가장 뛰어난 것을 이름. 촉한蜀漢 사람 마량馬
良의 오형제가 모두 재명才名이 있었으되 그 중에도 마량이 가장 뛰어났는
데, 그의 눈썹에 흰 털이 섞여 있어서 동네 사람이 이르기를 '吳氏五常, 白眉
最良[마량 오 형제의 字에 모두 常字가 들어있었음]'이라 한 고사故事에서
나온 말.

◆ 白 : 象形. 머리가 흰 뼈의 象形이라고도 하고, 햇빛의 象形이라고
도 하고, 도토리 열매의 象形이라고도 하며, '희다'의 뜻을 나타냄.
◆ 眉 : 象形. 눈 위에 있는 털을 본떠, '눈썹'의 뜻을 나타냄.

■ 目을 부수로 하는 한자
⇒ 눈의 동작 및 기능과 관련된 의미를 나타냄.

◆ 睡 [잘 수] : 睡眠수면, 昏睡혼수
◆ 盲 [소경 맹] : 盲目맹목, 色盲색맹
◆ 眉 [눈썹 미] : 焦眉초미, 蛾眉아미

【文章】

阮籍不拘禮敎, 能爲靑白眼, 見俗禮之士, 以白眼對之, 及嵇喜來, 卽籍爲白眼, 喜不懌而退, 喜弟康聞之, 乃齎酒挾琴造焉, 籍大悅, 乃見靑眼, 由是禮法之士疾之若讎.

완적불구예교, 능위청백안, 견속예지사, 이백안대지, 급혜희래, 즉적위백안, 희불역이퇴, 희제강문지, 내제주협금조언, 적대열, 내견청안, 유시례법지사질지약수.

[출전 : 晉書-阮籍傳]

완적은 예법의 가르침에 구애받지 않고 청안이나 백안을 할 수 있었다. 세속 예법에 갇힌 선비를 보면 백안으로 그들을 대하였다. 혜희가 찾아오자 곧 완적은 백안으로 대하니 혜희는 기뻐하지 못하고 물러갔다. 혜희의 동생 혜강이 그것을 듣고는 곧 술을 마련하고 거문고를 끼고 찾아오니, 완적이 크게 기뻐하며 곧 청안을 드러냈다. 이로 말미암아 예법에 갇힌 선비들은 그를 미워하길 원수처럼 하게 되었다.

【學習 : 보는 동작을 지칭하는 語彙】

(1) 見[볼 견] : 目[눈 목]과 儿[어진사람 인]의 결합.
　　→ 見物生心견물생심
(2) 看[지켜볼 간] : 手[손 수]와 目[눈 목]의 결합.
　　→ 看護師간호사, 看破간파
(3) 視[감시할 시]/觀[살펴볼 관] : 示[보일 시]와 見[볼 견]의 결합.
　　→ 視察시찰/觀察관찰
(4) 覽[두루볼 람] : 監[볼 감]과 見[볼 견]의 결합.
　　→ 美術展覽會미술전람회, 圖書閱覽室도서열람실
(5) 省[살필 성] : 少[적을 소]와 目[눈 목]의 결합
　　→ 省墓성묘, 反省반성
(6) 瞻[우러러볼 첨] : 目[눈 목]과 詹[이를 첨]의 결합

→ 瞻星臺첨성대

(7) 瞰[굽어볼 감] : 目[눈 목]과 敢[감히 감]의 결합

→ 鳥瞰圖조감도

(8) 眺[바라볼 조] : 目[눈 목]과 兆[점괘 조]의 결합

→ 眺望조망

3. 코 鼻

【字源/部首】

1) 비조 鼻祖

> 鼻[鼻,코 비]/祖[示,선조 조]

■ **鼻祖 [비조]** : 시조始祖. 창시자創始者. 사람이 뱃속에서 생길 때 코가 먼저 이루어진다 하여 이름. 유의어로 원조元祖, 남상濫觴, 효시嚆矢, 파천황破天荒 등이 있음.

- ◆ 鼻 : 形聲. 甲骨文·金文은 코를 본뜬 것. 뒤에 음을 나타내는 '畀비'를 덧붙임. 篆文은 形聲으로, 自+畀(音). '畀비'는 증기를 통과시키기 위한 시룻밑의 뜻. 공기를 통하는 '코'의 뜻을 나타냄.
- ◆ 祖 : 形聲. 示+且(音). '且조'는 고기를 얹어 놓은 제기를 본뜬 것. 제물을 바쳐 제사 지내는 조상의 뜻을 나타냄.

2) 기취여란 其臭如蘭

> 其[八,그 기]/臭[自,냄새 취]/如[女,같을 여]/蘭[艸,난초 란]

■ **其臭如蘭 [기취여란]** : (마음을 함께하는 말은) 그 향기가 난초蘭草와 같

다는 의미로 절친切親한 친구親舊 사이를 이름. 유의어로 금란지교金蘭之交, 지란지교芝蘭之交, 문경지교刎頸之交, 금석지교金石之交, 수어지교水魚之交, 관포지교管鮑之交 등이 있음.

- ◆ 其 : 象形. 곡식을 까부는 키의 상형으로, '키'의 뜻을 나타냄. '箕기'의 원자原字. 假借하여 '그'의 뜻의 대명사로 쓰임.
- ◆ 臭 : 會意. 自＋犬. '自자'는 코의 象形, '犬견'은 코의 작용이 예민한 개의 뜻. 냄새, 냄새 맡다의 뜻을 나타냄.
- ◆ 如 : 形聲. 口＋女(音). '口구'는 '빌다'의 뜻. 신神에게 빌어 신의 뜻에 따르다의 뜻. 전轉하여, 조사助辭로 쓰임.
- ◆ 蘭 : 形聲. ⁺⁺(艸)＋闌(音). '闌란'은 '암내'의 뜻. 방향芳香이 강한 풀, '난초'의 뜻을 나타냄.

▣ 自(鼻)를 부수로 하는 한자
⇒ 코의 동작 및 기능과 관련된 의미를 나타냄.

- ◆ 鼻 [코 비] : 鼻子비자, 鼻炎비염
- ◆ 臭 [냄새 취] : 體臭체취, 脫臭劑탈취제
- ◆ 息 [숨쉴 식] : 休息휴식, 瞬息間순식간

【文章】

> 二人同心, 其利斷金, 同心之言, 其臭如蘭.
> 이인동심, 기리단금, 동심지언, 기취여란.
>
> [출전 : 易經 繫辭上傳]

두 사람이 마음을 같이하면 그 예리함이 쇠[金]를 자를 수 있고, 마음을 같이하는 말은 그 향기로움이 난초[蘭]와 같다.

【學習 : 息의 擴張】

(1) 息[숨 쉴 식] : 공기가 코[自]를 통해 몸속[心]으로 들어감.
　　→ 喘息천식, 窒息질식
(2) 息[그칠 식] : '숨을 쉬다'에서 '한숨을 돌리다[휴식]'로 확장됨.
　　→ 安息안식, 自强不息자강불식
(3) 息[생존할 식] : '숨을 쉬다'에서 '생존하다'로 확장됨.
　　→ 消息소식, 棲息서식
(4) 息[아이 식] : '숨 쉬는 생명'에서 '아이'로 확장됨.
　　→ 子息자식, 姑息之計고식지계

4. 입 口

【字源/部首】

1) 중구난방 衆口難防

衆[血,무리 중]/口[口,입 구]/難[隹,어려울 난] 防[阜,둑 방]

■ 衆口難防 [중구난방] : 여러 사람의 입을 막기 어렵다는 뜻. 많은 사람들이 제각기 자신의 의견을 내세워 한 가지 의견으로 통일되거나 합리적인 조정이 되지 않는 상황을 가리킴.

　◆ 衆 : 會意. 甲骨文은, 曰+仏. '曰'은 '촌락村落'의 뜻. '仏중'은 많은 사람의 뜻. 촌락에 모이는 많은 사람의 뜻을 나타내며, 보통 '많다'의 뜻을 나타냄. '曰'은 金文부터 '目목'으로 되고, 다시 나중에 '血혈'로 바뀌었음.
　◆ 口 : 象形. 입의 모양을 본 떠, '입'의 뜻을 나타냄.
　◆ 難 : 會意. 隹+堇. '堇근'은 화재 따위의 재앙을 만나서 양손을 교차

하고 머리 위에 축문을 얹어 비는 무당의 象形으로, '어렵다, 근심'의 뜻을 나타냄. '隹추'는 새를 본뜬 것으로, 그 기도 때에 새를 희생으로 바치는 것을 나타냄. 재난을 당해 새를 바치고 비는 모양에서, '어렵다, 재앙'의 뜻을 나타냄.

- ◆ 防 : 形聲. 阝(阜)+方(音). '方방'은 '내밀다'의 뜻. 내민 언덕, 둑의 뜻. 또, 둑으로 막다의 뜻을 나타냄.

2) 토포악발 吐哺握髮

吐[口,토할 토]/哺[口,머금을 포]/握[手,쥘 악]/發[癶, 쏠 발]

■ **吐哺握髮 [토포악발]** : 나라의 정무政務를 잘 보살피려면 잠시도 편히 쉴 틈이 없다는 것과 훌륭한 인물을 얻기 위해서는 정성을 기울여야 한다는 것을 이르는 말. 다른 말로 吐哺捉髮토포착발이라 한다. 주공周公이 백금伯禽에게 전한 잠언箴言으로, 『한시외전韓詩外傳』에 "나는 한 번 씻으면서 세 번 머리카락을 움켜쥐었고[我一沐三捉髮], 한 번 음식을 먹으면서 세 번을 뱉었으며[一飯三吐哺], 일어나 선비를 접대하면서도 오히려 천하의 현인을 잃을까 걱정하였다[起以待士 猶恐失天下之賢人]"라는 기록에서 유래함.

- ◆ 吐 : 形聲. 口+土(音). '土토'는 흙. 초목을 토해 내는 대지의 뜻. '口구'를 더하여, 입에서 토해 내다의 뜻을 나타냄.
- ◆ 哺 : 形聲. 口+甫(音). '甫보'는 '넓게 펴다'의 뜻. 입 안에 음식을 펴다, 머금다, 먹다의 뜻을 나타냄.
- ◆ 握 : 形聲. 扌(手)+屋(音). '屋옥'은 부드럽게 싸다의 뜻. 손 안에 싸서 넣다, 쥐다의 뜻을 나타냄.
- ◆ 發 : 形聲. 弓+癶·殳(音). '發발'은 좌우의 발과 손으로 풀을 헤치고 밟는 모양을 본뜸. 활을 당겨 쏘다의 뜻을 나타냄.

■ 口를 부수로 하는 한자
⇒ 먹거나 소리를 내거나 숨을 쉬는 등 입과 관련된 의미 및 행동을 나타냄.

◆ 吸 [들이마실 흡] : 呼吸호흡, 吸煙흡연
◆ 叱 [꾸짖을 질] : 叱責질책, 虎叱호질
◆ 啞 [벙어리 아] : 聾啞농아, 啞然失色아연실색

【文章】

是障之也, 防民之口, 甚於防川, 川壅而潰, 傷人必多, 民亦如之, 是故爲川者, 決之使導, 爲民者, 宣之使言.

시장지야, 방민지구, 심어방천, 천옹이궤, 상인필다, 민역여지, 시고위천자, 결지사도, 위민자, 선지사언.

[출전 : 國語-周語]

이는 막은 것입니다. 백성의 입을 막는 것은 하천을 막는 것보다 심한 일입니다. 하천을 막았다가 무너지면 상하는 사람이 반드시 많은데, 백성 또한 이와 같습니다. 그러므로 하천을 위하는 자는 터주어 물이 흐를 수 있도록 해야 하며, 백성을 위하는 자는 베풀어 말할 수 있도록 해야 합니다.

【學習 : 科擧 관련 語彙】

(1) 과거시험科擧試驗을 위한 교육기관敎育機關
◆ 四部學堂 [사부학당] : 한양에 세운 관학 교육기관으로, 성균관에 들어가기 전 교육을 받던 곳.
◆ 鄕校 [향교] : 지방에서 유학을 교육하기 위하여 설립된 관학 교육기관.
◆ 成均館 [성균관] : 인재양성을 위하여 한양에 설치한 유학교육기관이자 문과 준비를 위한 과업교육科業敎育을 담당함.

(2) 과제科題인 시문試問
◆ 策問 [책문] : 문과文科 전시展試의 시문試問으로, 시무책時務策을 주제로

삼음.

- ◆ 對策 [대책] : 전시殿試에 응시한 33인이 책문策問에 대하여 작성한 책문策文.

5. 머리 頁

【字源/部首】

1) 동안 童顔

童[立,아이 동]/顔[頁,얼굴 안]

■ 童顔 [동안] : 어린아이의 얼굴이란 뜻으로, 본래의 나이보다 얼굴이 어려 보이는 사람에게 쓰는 말. 특히 나이가 많은데, 매우 젊어 보이는 사람에게는 비유적으로 白髮童顔백발동안, 白髮紅顔백발홍안이란 표현을 쓰기도 함.

- ◆ 童 : 形聲. 辛＋目＋重(音). ‘辛신'은 문신文身하는 바늘의 형상. ‘重중'은 무거운 부대를 본뜬 모양. 눈 위에 문신을 당하고 무거운 부대를 짊어진 노예의 뜻을 나타내며, 전하여 아이의 뜻도 나타냄.
- ◆ 顔 : 形聲. 頁＋彦(音). ‘彦언'은 광물성 안료顔料의 뜻. 화장하는 머리 부위, ‘얼굴'의 뜻을 나타냄.

2) 양두구육 羊頭狗肉

羊[羊,양 양]/頭[頁,머리 두]/狗[犬,개 구]/肉[肉,고기 육]

■ 羊頭狗肉 [양두구육] : 양의 머리를 걸어 놓고 개고기를 판다는 뜻으로, 겉보기만 그럴듯하게 보이고 속은 변변하지 아니함을 이르는 말. 『안자춘추晏子春秋』에서는 ‘懸牛首賣馬肉현우수매마육'으로 기록되어 있지만, 송대宋代의

『오등회원五燈會元』에 이르러 '懸羊頭賣狗肉현양두매구육'으로 바뀌어 전하게 됨.

- ◆ 羊 : 象形. 양의 머리 모양을 본떠서, '양'의 뜻을 나타냄.
- ◆ 頭 : 形聲. 頁＋豆(音). '頁혈'은 '머리'의 뜻. '豆두'는 윗부분이 큰 제기祭器의 象形. '머리', '우두머리'의 뜻을 나타냄.
- ◆ 狗 : 形聲. 犭(犬)＋句(音). '狗구'는 구부러지다'의 뜻. 빙글빙글 돌며 뛰는 '강아지'의 뜻을 나타냄.
- ◆ 肉 : 象形. 썬 고기의 象形으로, '고기'의 뜻을 나타냄.

■ 頁을 부수로 하는 한자
⇒ 머리 또는 특정한 부위를 나타내거나 머리를 움직이는 행위 등을 나타냄.

- ◆ 頭 [머리 두] : 頭腦두뇌, 魚頭肉尾어두육미
- ◆ 額 [이마 액] : 額面액면, 點額점액,
- ◆ 項 [목 항] : 項目항목, 條項조항

【文章】

> 君使服之於內, 而禁之於外, 猶懸牛首於門, 而賣馬肉於內也, 公何以不使內勿服, 則外莫敢爲也.
> 군사복지어내, 이금지어외, 유현우수어문, 이매마육어내야, 공하이불사내물복, 즉외막감위야.
>
> [출전 : 晏子春秋-內篇·雜下]

왕께서는 궁 안에서 남장을 하게 하면서 궁 밖에서는 금지하라고 하십니다. 마치 문에 쇠머리[牛首]를 걸어 놓고 안에서는 말고기[馬肉]를 파는 것과 같은 일입니다. 왕께서는 어찌 궁 안에서 남장을 하지 못하게 안 하십니까. 그렇게 한다면 궁 밖에서도 감히 남장을 하지 못할 것입니다.

【學習 : 얼굴 관련 語彙】

(1) 창피猖披하고 면목面目 없는 일
- ◆ 猖披 [창피] : 옷을 입고 허리띠를 안 맨 상태(猖)와 상의를 어깨에 걸친 모습(披)
- ◆ 厚顔無恥 [후안무치] : 뻔뻔스러워 부끄러워할 줄 모름.
  ≒ 鐵面皮(漢), 破廉恥

(2) 이마에 찍힌 낙인烙印
- ◆ 龍門點額 [용문점액] : 용문龍門을 오르지 못한 물고기가 떨어질 때 생긴 이마의 상처로 과거시험에 낙제한 사람을 비유함.
- ◆ 黥面刑 [경면형] : 신체 부위에 먹물로 글씨를 새겨 넣는 형벌인 자자형 刺字刑 가운데 하나로, 특히 얼굴에 자자刺字하는 것을 경면형黥面刑이라 함.

Ⅱ. 사회

1. 의복 衣服

【字源/部首】

1) 녹의홍상 綠衣紅裳

綠[糸,푸를 록]/衣[衣,옷 의]/紅[糸,붉을 홍]/裳[衣,치마 상]

■ 綠衣紅裳 [녹의홍상] : 연두색 저고리에 다홍치마라는 뜻으로, 곱게 차려 입은 젊은 아가씨의 옷차림을 나타냄. 특히 혼례식에서 신부는 '녹의홍상綠衣紅裳'을 입고, 족두리나 화관을 쓰며 겉옷으로 활옷(闊衣)이나 원삼圓衫을 착용함.

◆ 綠 : 形聲. 糸+彔(音). '彔록'은 두레박으로 퍼 올린 물의 상형. 초록 빛 실의 뜻을 나타냄.
◆ 衣 : 象形. 몸에 걸친 의복의 깃 언저리의 상형으로, '옷'의 뜻을 나타냄.
◆ 紅 : 形聲. 糸+工(音). '工공'은 '烘홍'과 통하여, 붉은 화톳불의 뜻. 붉은 실의 뜻에서, 일반적으로 '붉다'의 뜻을 나타냄.
◆ 裳 : 形聲. 衣+尙(音). '尙상'은 '長장'과 통하여, '길다'의 뜻. 단이 긴 치마의 뜻을 나타냄.

2) 청풍양수 清風兩袖

清[水,맑을 청]/風[風,바람 풍]/兩[入,두 량]/袖[衣,소매 수]

■ 清風兩袖 [청풍양수] : '두 소매 안에 맑은 바람만 있다'라는 뜻으로, 청렴한 관리를 비유하는 고사성어. 중국 명나라 때의 于謙우겸과 관련된 고사 등에서 유래됨.

◆ 清 : 形聲. 氵(水)+青(音). '青청'은 깨끗하게 맑다의 뜻. 물이 깨끗이 맑다의 뜻을 나타냄.
◆ 風 : 象形. 갑골문에서 돛의 상형과 봉황의 상형의 두 가지가 있음. 바람을 받는 돛에서, 또 바람처럼 자유로운 봉황새에서 '바람'의 뜻을 나타냄.
◆ 兩 : 象形. 저울 두 개 추의 상형. '둘'의 뜻을 나타냄. 또, 가차假借하여, 무게의 단위로도 씀.
◆ 袖 : 形聲. 衤(衣)+由(音). '由유'는 구멍이 깊게 통하다의 뜻. 사람이 팔을 꿰는 옷의 부분. 곧, '소매'의 뜻을 나타냄.

■ 衣를 부수로 하는 한자
⇒ 의복의 명칭이나 기능 및 옷과 관련된 여러 의미를 나타냄.

- 袖 [소매 수] : 領袖영수, 袖手傍觀수수방관
- 裝 [꾸밀 장] : 裝置장치, 變裝변장
- 裁 [마를 재] : 裁判재판, 制裁제재

【文章】

> 徐視其衣竝無縫, 翰問之, 謂翰曰天衣本非針線爲也, 每去輒以衣服自隨.
> 서시기의병무봉, 한문지, 위한왈천의본비침선위야, 매거첩이의복자수.
>
> [출전 : 太平廣記-鬼怪神寄]

천천히 보니 그 옷이 모두 꿰맨 곳이 없었다. 곽한이 이유를 물어보니, 곽한에게 답하기를 "하늘의 옷은 본래 바느질로 만든 것이 아닙니다."라고 하였다. 매번 돌아갈 때마다 늘 옷은 저절로 입혀졌다.

【學習 : 皮革・裁縫 관련 語彙】

(1) 가죽의 명칭名稱
- 皮 [가죽 피] : 짐승에게서 막 벗겨낸 가죽.
- 革 [가죽 혁] : 털을 제거하고 어느 정도 다듬은 것.
- 韋 [가죽 위] : 다듬은 가죽을 더욱 부드럽게 무드질 한 것.

(2) 재봉裁縫하는 도구와 방법
- 針線 [침선] : 바늘과 실.
- 縫針 [봉침] : 바늘.
- 假縫 [가봉] : 시침바느질, 또는 입을 사람의 체형과 체격에 맞도록 손

질하는 작업.
- ◆ 裁縫 [재봉] : 옷감을 마르고 꿰매고 하여 옷을 만드는 일.
- ◆ 裁縫針 [재봉침] : 재봉틀.
- ◆ 彌縫策 [미봉책] : 꿰매어 깁는 계책.
- ◆ 縫製 [봉제] : 재봉틀이나 손으로 바느질하여 의류 등의 제품을 만드는 일.

2. 음식 飲食

【字源/部首】

1) 진수성찬 珍羞盛饌

珍[玉, 보배 진]/羞[羊,음식 수]/盛[皿, 담을 성]/饌[食, 반찬 찬]

■ **珍羞盛饌 [진수성찬]** : 진귀한 음식으로 성대하게 차려진 밥상을 가리킴. 같은 뜻으로 산해진미山海珍味, 수륙진미水陸珍味, 팔진성찬八珍盛饌, 식전방장 食前方丈, 추환芻豢, 화찬華饌, 상찬上饌, 성찬盛饌 등이 있음.

- ◆ 珍 : 形聲. 王(玉)＋㐱(音). '㐱진'은 '塡전'와 통하여, 밀도 높게 충실 하다의 뜻. 귀중한 옥玉의 뜻을 나타내며, 파생하여, '진귀하다'의 뜻 을 나타냄.
- ◆ 羞 : 形聲. 羊＋丑(音). '丑추'는 손의 상형. 희생의 양을 올리다의 뜻 을 나타냄. 가차하여, '부끄러워하다'의 뜻으로 쓰임.
- ◆ 盛 : 形聲. 皿＋成(音). '成성'은 '盈영'과 통하여, '차게 하다'의 뜻. 접시에 농산물을 채워서 신에게 바치다의 뜻에서, '담다'의 뜻을 나타 냄. 파생하여 '성하다'의 뜻을 나타냄.
- ◆ 饌 : 形聲. 𩙿(食)＋巽(音). '巽손·찬'은 '갖추다'의 뜻. 갖추어 차려 진 음식의 모양에서, '제물'의 뜻을 나타냄.

2) 만끽 滿喫

滿[水,찰 만]/喫[口,먹을 끽]

■ **滿喫[만끽]** : 충분히 만족할 만큼 즐기다라는 뜻으로, 음식을 마음껏 먹고 마시는 것 외에도 어떤 대상對象을 마음껏 즐기거나 누리는 것에도 사용함.

- 滿 : 形聲. 氵(水)+ 㒼(音). '㒼만'은 '뻗다, 펴지다'의 뜻. 물이 그릇에 가득하게 되어 퍼지다, 가득 차다의 뜻을 나타냄.
- 喫 : 會意. 口+ 契. '契계·결'은 '새기다'의 뜻. 입안에서 잘게 쪼개다, 먹다의 뜻을 나타냄.

■ **食을 부수로 하는 한자**
⇒ 음식을 먹는 행위나 작용과 관련된 여러 의미를 나타냄.

- 飮 [마실 음] : 飮料水음료수, 飮酒음주
- 飽 [배부를 포] : 飽滿感포만감, 飽和狀態포화상태
- 餘 [남을 여] : 餘暇여가, 餘裕여유

【文章】

堂高數仞, 榱題數尺, 我得志弗爲也, 食前方丈, 侍妾數百人, 我得志弗爲也.

당고수인, 최제수척, 아득지불위야, 식전방장, 시첩수백인, 아득지불위야.

[출전 : 孟子-盡心下]

집의 높이가 몇 길이 되고 서까래 머리가 몇 자 되는 것을 나는 뜻을 얻더라도 하지 않으며, 음식이 앞에 놓인 것이 사방 한 길이 되고 시첩이 수백 명이 되는 것을, 나는 뜻을 얻더라도 하지 않는다.

【學習 : 菜蔬 관련 語彙】

(1) 菜蔬 [채소] : '菜채'는 먹을 수 있는 풀과 나무의 잎이나 그것으로 만든 반찬인 '나물'을 의미한다. '蔬소'는 온갖 나물들의 총칭인 '푸성귀'를 뜻한다. 따라서 '채소'는 자연에서 채취하거나 인공적으로 재배한 여러 가지 나물과 푸성귀를 아우른 말이다. 다른 말로는 '남새(푸새)', '野菜야채'라고도 한다.

(2) 菜飯 [채반] : 소채蔬菜·무 따위를 섞은 밥이라는 뜻으로, 변변치 못한 음식을 이르는 말이다. 다른 말로 '蔬飯소반'·'素飯소반'·'素饌소찬'이라 한다. 그밖에도 건더기 없이 멀건 국물을 뜻하는 '淸湯寡水청탕과수', 아침에는 나물을 먹고 저녁에는 소금을 씹는다는 뜻의 '朝齏暮鹽조제모염'도 유사한 의미로 쓰인다.

3. 주거 住居

【字源/部首】

1) 수간모옥 數間茅屋

> 數[攵,셀 수]/間[門,사이 간]/茅[艸,띠 모]/屋[尸,집 옥]

■ 數間茅屋[수간모옥] : 몇 칸 안 되는 작은 초가집. 모옥茅屋이란 띠를 엮어 만든 집을 가리킴. 유의어로는 草間茅屋초간모옥, 草家三間초가삼간 등이 있음.

- ◆ 數 : 會意. 攵(攴)+婁. '攴복'은 '치다'의 뜻. '婁루'는 끊이지 않고 계속하다의 뜻. 계속해서 치다의 뜻에서, '책하다. 세다'의 뜻을 나타냄.
- ◆ 間 : 會意. '閒'의 속자俗字. 門+月. 문을 닫아도 달빛이 새어드는 모

양에서, '틈, 사이'의 뜻을 나타냄.

◆ 茅 : 形聲. ++(艸)+矛(音). '矛모'는 '창'의 뜻. 창처럼 튀어나온 풀, '띠'를 뜻함.

◆ 屋 : 會意. 尸+至. '尸시'는 본래 '厂엄'으로서, '집'의 뜻. '至지'는 '이르다'의 뜻. 사람이 이르는 '집'의 뜻을 나타냄.

2) 삼고초려 三顧草廬

三[一, 석 삼]/顧[頁, 돌아볼 고]/草[艸, 풀 초]/廬[广, 오두막집 려]

■ **三顧草廬[삼고초려]** : 오두막을 세 번 찾아간다는 뜻. 촉한蜀漢의 유비가 제갈량의 초옥을 세 번 찾아가 간청하여 군사軍師로 맞아들인 일. 사람을 맞을 때 진심과 정성으로 예를 다하거나, 윗사람에게 후한 대우와 인정을 받았을 때 사용하는 말.

◆ 三 : 指事. 세 개의 가로획으로 수의 '셋'의 뜻을 나타냄.

◆ 顧 : 形聲. 頁+雇(音). '雇고'는 '古고'와 통하여, '오래 되다'의 뜻. 머리를 지나간 쪽, 뒤쪽으로 돌려서 보다의 뜻을 나타냄.

◆ 草 : 形聲. (++)艸+早(音). '艸초'와 동일어인데, 그 음을 나타내기 위해 '早조'가 붙여졌음. '艸'는 풀의 상형으로, '풀'을 뜻함.

◆ 廬 : 形聲. 广+盧(音). '广엄'은 '집'의 뜻. '盧로'는 '빙 두르다'의 뜻. 둘레를 빙 두르기만 했을 뿐인 집, '초막'의 뜻을 나타냄.

■ 門을 부수로 하는 한자

⇒ 문을 여닫는 행위 및 문을 통해 연상되는 여러 의미를 나타냄.

◆ 開 [열 개] : 開閉개폐, 開闢개벽
◆ 問 [물을 문] : 問題문제, 問答문답
◆ 閑 [한가할 한] : 閑暇한가, 閑良한량

【文章】

先帝不以臣卑鄙, 猥自枉屈, 三顧臣於草廬之中, 諮臣以當世之事.
선제불이신비비, 외자왕굴, 삼고신어초려지중, 자신이당세지사.

[출전 : 出師表]

선제先帝께서는 신臣을 비천하다 여기지 않으시고, 외람되게도 몸소 왕림하시어, 세 번이나 누추한 움막(草廬)으로 신을 찾아 주시며, 당세當世의 일을 신에게 자문하셨습니다.

【學習 : 家屋 관련 語彙】

(1) 다양한 집의 한자

◆ 宮 [집 궁] : 본래 사람이 거주하는 집인데, 이후 황제가 사는 곳만을 지칭하게 됨.

→ 故宮고궁, 宮闕궁궐

◆ 家 [집 가] : 宀 (집)에 豕 (돼지)가 결합된 모습. 과거 사람들이 주로 집에서 돼지를 길렀는데, 그러한 가옥의 모습이 반영된 글자.

→ 妻家처가, 家和萬事成가화만사성

◆ 廊 [사랑채/복도 랑] : 지붕을 가지고 있는 통로. 현대중국어에서 '走廊[복도]'이라는 말이 상용됨. 국내에서는 사랑방舍廊房의 의미로 씀.

→ 長廊장랑, 畫廊화랑

◆ 店 [가게 점] : 占(차지함)은 정한 자리를 잡는 일로, 물건物件을 늘어 놓고 파는 가게의 뜻으로 씀.

→ 飯店반점, 酒店주점

◆ 閣 [문설주 각] : 크고 높다랗게 지은 집으로, 사방으로 복도가 있고 위에는 난간이 있어서 휴식과 경치를 감상할 수 있음. 옛 중국 여인들은 혼인 전까지 바깥출입이 어려웠기 때문에 여인의 결혼을 '出閣출각'이라고도 하였음.

→ 奎章閣규장각, 鐘閣종각

(2) 집을 짓는 재료의 한자

◆ 椽 [서까래 연] : 마룻대에서 도리 또는 보에 걸쳐 지른 나무.

→ 椽大之筆연대지필 : 서까래만 한 큰 붓이라는 뜻으로, 뛰어난 대문장大文章이나 대논문大論文을 이르는 말. 중국 남조 시대의 강엄江淹이 꿈에 곽박郭璞에게 서까래만 한 큰 붓을 받은 후 훌륭한 문장을 남겼다는 고사에서 유래함.

◆ 梁/樑 [들보 량] : 지붕틀을 받치기 위하여 기둥이나 벽체 위에 수평으로 걸친 구조 부재.

→ 刺股懸梁자고현량 : 태만함을 극복하고 열심히 공부함을 이르는 말. 중국 전국 시대의 소진蘇秦은 졸음이 오면 송곳으로 허벅다리를 찌르고, 초나라의 손경孫敬은 머리카락을 새끼로 묶어 대들보에 매달아 졸음을 쫓았다는 데서 유래함.

◆ 甎/磚 [벽돌전] : 흙을 구워 정사각형 또는 직사각형의 납작한 벽돌 모양으로 만든 전통적 건축 재료. 주로 바닥과 벽의 재료로 씀.

→ 秦磚漢瓦진전한와 : 진나라는 벽돌, 한나라는 기와를 주로 사용했음을 나타내는 말로, 전하여 오래되고 낡은 것을 지칭함.

◆ 瓦 [기와 와] : 지붕을 덮기 위하여 점토를 틀에 넣어 일정한 모양으로 가마에서 구워 만든 건축재.

→ 瓦解와해 : 기와가 깨진다는 뜻으로, 사물이 깨져 산산이 흩어짐을 이르는 말.

4. 관례 冠禮

【字源/部首】

1) 成年禮 성년례

成[戈,이룰 성]/年[干,해 년]/禮[示,예 례]

■ **成年禮 [성년례]** : 전통사회에서의 성년의식成年儀式. 남자가 성년에 이르면 어른이 된다는 의미로 상투를 틀고 갓을 쓰게 하던 의례儀禮. 유교에서는 원래 스무 살에 성년례를 하고 그 후에 혼례를 하였으나 조혼이 성행하자 성년례와 혼례를 겸함.

◆ 成 : 形聲. 戊+丁(音). '丁정'은 '못박다, 평정하다'의 뜻. '戊무'는 큰 날이 달린 도끼의 뜻. 큰 도끼로 적을 평정하는 뜻에서, 어떤 일이 이루어지다의 뜻을 나타냄.

◆ 年 : 形聲. 갑골문은 禾+人(音). '人인'은 성숙한 사람의 뜻. 성숙한 곡물, 여물다의 뜻에서, 전轉하여, 365일, 해의 뜻으로 쓰임.

◆ 禮 : 形聲. 示+豊(豊)(音). '豊례'는 감주甘酒의 뜻. 감주를 신에게 바쳐 행복의 도래를 비는 의식의 뜻을 나타냄.

2) 약관 弱冠 · 계례 笄禮

弱[弓,약할 약]/冠[冖,갓 관]/笄[竹,비녀 계]/禮[示,예 례]

■ **弱冠 · 笄禮**

(1) **弱冠 [약관]** : 남자 20세를 일컫는 말로, 공자가 스무 살에 '관례冠禮'를 한다고 한 데서 나온 말. 관례란 남자가 성년에 이르면 어른이 된다는 의미로 상투를 틀고 갓을 쓰게 하던 의례를 뜻함.

(2) **笄禮 [계례]** : 15세가 되거나 약혼한 여자가 올리던 성인 의식으로, 땋았던 머리를 풀고 쪽을 찌었던 것을 말함.

◆ 弱 : 會意. 弓+彡. '弓궁'은 휘는 활의 상형. '彡삼'은 부드러운 털의 상형. '약하다, 휘다'의 뜻을 나타냄. 또, 유연성이 풍부한 20세의 뜻을 나타냄.

◆ 冠 : 形聲. 冖+寸+元(音). '元원'은 관을 쓴 사람의 상형. '덮다'의 뜻의 '冖멱'과 '손에 쥐다'의 뜻의 '寸촌'을 덧붙여서, '관을 쓰다'의 뜻을 나타냄.

◆ 笄 : 形聲. 竹+ 幵(音). '幵견'은 머리에 꽂는 비녀의 상형. 대로 만든 것임을 보이는 '竹죽'을 덧붙여, '비녀'의 뜻을 나타냄.

◆ 禮 : 形聲. 示+ 豊(豊)(音). '豊례'는 감주甘酒의 뜻. 감주를 신에게 바쳐 행복의 도래를 비는 의식의 뜻을 나타냄.

▣ 示를 부수로 하는 한자
⇒ 신이나 조상에 대한 제의 및 그와 연관된 길흉화복의 의미를 나타냄.

◆ 祈 [빌 기] : 祈禱기도, 祈雨祭기우제
◆ 福 [복 복] : 福券복권, 禍福화복
◆ 禁 [금할 금] : 禁止금지, 拘禁구금

【文章】

盛年不重來, 一日難再晨, 及時當勉勵, 歲月不待人.
성년부중래, 일일난재신, 급시당면려, 세월부대인.

[출전 : 陶淵明-雜詩]

성년은 다시 오지 못하고 하루에는 거듭된 새벽이란 없구나. 때에 맞추어 마땅히 힘쓸지니, 세월은 사람을 기다리지 않는다.

【學習 : 이름 관련 語彙 】

(1) 名 [명] : 어린 시절 부르는 호칭. 관례冠禮 이후에는 상대방에 대한 예우로서 '명'으로 부르는 것을 피함[實名敬避俗].
(2) 字 [자] : 관례 이후 공적인 관계에서 부르는 별도의 호칭. 스스로는 동년배 이하의 사람에게 '자'를 쓰지만, 윗사람에 대해서는 '명'으로 말함. '자'는 본인의 기호 및 윗사람이 본인의 덕을 고려하여 붙이며, 대개 장유長幼의

차례[伯-仲-叔-季]를 따라 '자'를 지음.

(3) 號 [호] : 일정한 직위나 나이를 갖춘 뒤 스승이나 선배, 지인들이 지어 주는 호칭. 생활하고 있거나 인연이 있는 처소로 짓는 경우[所處以號]가 많으며, 그 외에도 이루어진 뜻이나 이루고자 하는 뜻으로 짓는 경우[所志以號]와 처한 환경이나 여건으로 짓는 경우[所遇以號], 간직하고 있는 것 가운데 특히 좋아하는 것으로 짓는 경우[所蓄以號] 등 네 가지 기준으로 '호'를 삼았음.

5. 혼례 婚禮

【字源/部首】

1) 결발부부 結髮夫婦

結[糸,맺을 결]/髮[髟,터럭 발]/夫[大,지아비 부]/婦[女,지어미부]

■ 結髮夫婦 [결발부부] : 머리털을 묶은 남편과 아내라는 뜻으로 남녀가 처음 정식으로 혼인하는 것을 말함. 한漢 소무蘇武의 시〈유발처留別妻〉에 나오는 말로 결발부처結髮夫妻라고도 함.

◆ 結 : 形聲. 糸+吉(音). '吉길'은 '繄긴'과 통하여, 단단히 죄다의 뜻. 실을 단단히 매어 합치다의 뜻을 나타냄.

◆ 髮 : 形聲. 髟+犮(音). '犮발'은 '제거하다'의 뜻. 지나치게 길게 자라면, 가위로 베어 버려야 하는 머리털의 뜻을 나타냄.

◆ 夫 : 指事. 성인成人을 나타내는 '大대'에, 관冠의 비녀를 나타내는 가로획(一)을 덧붙여, 성인 남자의 뜻을 나타냄.

◆ 婦 : 會意. 女+帚. 자형字形은 '帚추'가 쓰레질하는 '비'의 뜻으로, 빗자루를 든 여성의 뜻을 나타냄.

2) 비익연리 比翼連理

比[比,견줄 비]/翼[羽,날개 익]/連[辵,이을 련]/理[玉,다스릴 리]

■ **比翼連理** [비익연리] : 비익比翼의 새와 연리連理의 가지. 비익조比翼鳥는 한 새가 눈 하나와 날개 하나만 있어서 두 마리가 서로 나란히 해야 비로소 두 날개를 이루어 날 수 있다는 새이며, 연리지連理枝는 두 나무의 가지가 서로 접해서 목리木理가 합친 가지임. 모두 부부의 애정이 깊음을 비유함.

    ◆ 比 : 象形. 匕+匕. 두 사람이 우측을 향해 나란히 서 있는 모습을 상형한 것. 본래 '친하다·친숙하다'라는 뜻이었으나, 지금은 두 사람을 서로 비교한다는 의미에서 '견주다·비교하다'라는 뜻을 나타냄.

    ◆ 翼 : 形聲. 羽+異(音). '異이'는 사람이 귀두鬼頭의 탈을 쓰고, 두 손을 들고 있는 상형자. '異이'에 포함되는 여러 뜻 중, 양손을 강조하고, '羽우'를 덧붙여 '양익兩翼·날개'의 뜻을 나타냄. 또, 곁에서 두 손의 힘으로 돕다의 뜻을 나타냄.

    ◆ 連 : 會意. 辶(辵)+車. '車차'는 사람이 나란히 늘어서서 끄는 수레, '輦련'과 통함. 사람이 늘어서서 수레를 끌고 길을 가는 모양에서, '이어지다'의 뜻을 나타냄.

    ◆ 理 : 王(玉)+里(音). '里리'는 '줄·금'의 뜻. 옥의 줄·금, 옥의 줄무늬가 아름답게 보이도록 갈다, 다스리다의 뜻을 나타냄.

■ **女를 부수로 하는 한자**
⇒ 여성의 자태나 역할 및 멸시 등을 나타냄.

    ◆ 妻 [아내 처] : 妻妾처첩, 妻家처가
    ◆ 妙 [묘할 묘] : 妙味묘미, 妙手묘수
    ◆ 奸 [범할 간] : 奸巧간교, 奸臣간신

【文章】

> 在天願作比翼鳥, 在地願爲連理枝, 天長地久有時盡, 此恨綿綿無絶期.
> 재천원작비익조, 재지원위연리지, 천장지구유시진, 차한면면무절기.
>
> [출전 : 白居易-長恨歌]

하늘에서는 원컨대 비익조 되고 땅에서는 원컨대 연리지가 되기를, 하늘은 길고 땅은 오래어도 다할 날이 있으련만 이 한은 잇고 이어져 끊어질 때 없으리라.

【學習 : 結婚 관련 語彙】

(1) 結婚 [결혼] : 옛사람들은 혼인식을 황혼黃昏에 거행했기 때문에, 과거에는 '婚혼'과 '昏혼'자를 통용함.
(2) 蜜月 [밀월] : 결혼한 이후 한두 달의 기간을 뜻함. 따라서 '蜜月旅行밀월여행'은 '新婚旅行신혼여행'을 지칭함.
(3) 出嫁 [출가] : 여자가 결혼하는 것을 지칭하는 말. '嫁가'자는 '女여'와 '家가'의 조합으로 여자가 남자의 집을 자신의 집으로 여긴다는 의미. 따라서 시집간 딸은 친정 사람이 아니고 남이나 마찬가지라는 뜻으로 출가외인出嫁外人이라는 말을 씀.

6. 상례 喪禮

【字源/部首】

1) 삼년상 三年喪

> 三[一,석 삼]/年[干,해 년]/喪[口,잃을 상]

■ 三年喪 [삼년상] : 부모가 사망하면 자식이 애도哀悼의 의미로 상복을 입고 3년간 거상居喪한다는 의미. 삼년상은 인간이 태어나서 3년이 되어야만 부모의 품을 떠날 수 있다는 의식에서 비롯됨.

- ◆ 三 : 指事. 세 개의 가로획으로 수의 '셋'의 뜻을 나타냄.
- ◆ 年 : 形聲. 갑골문은 禾＋人(音). '人인'은 성숙한 사람의 뜻. 성숙한 곡물, 여물다의 뜻에서 전轉하여 365일, 해의 뜻으로도 쓰임.
- ◆ 喪 : 會意. 哭＋亡. '哭곡'은 입을 벌리고 울다의 뜻. '亡망'은 죽음·잃다의 뜻. 사람이 죽어 없어지다는 뜻에서 전轉하여 물건을 잃다의 뜻을 나타냄.

2) 고종명 考終命

考[老,상고할 고]/終[糸,끝날 종]/命[口,목숨 명]

■ 考終命 [고종명] : 하늘이 부여한 천명天命을 다 살고 죽음을 맞이한다는 뜻. 오복五福 중의 하나.

- ◆ 考 : 形聲. 耂(老)＋丂(音). '老노'는 등이 굽은 노인의 뜻. '丂고'도 '굽다'의 뜻. 장수하는 노인의 뜻을 나타냄. 가차假借하여 '생각하다'의 뜻으로 쓰임.
- ◆ 終 : 會意. 糸＋冬. 본래 '冬동'은 새끼줄 양 끝에 매듭을 묶어 줄이 풀리지 않게 일을 마무리했다는 의미에서 '끝내다·마치다'라는 뜻. 이후 '冬동'이 '겨울'이라는 뜻으로 가차假借 되면서 '冬동'에 '糸사'를 더한 '終종'이 '끝내다'라는 뜻을 대신함.
- ◆ 命 : 會意. 亼＋口＋卩. '亼집'자는 지붕을 그린 것으로 '모으다'의 뜻. '口구'와 무릎 꿇은 사람의 상형인 '卩절'이 더해져 민중을 모아 말로 명령하다의 뜻을 나타냄.

■ 刀를 부수로 하는 한자
⇒ 칼로 베는 동작이나 작용 및 자른 상태 등을 나타냄.

- ◆ 分 [나눌 분] : 分配분배, 安分知足안분지족
- ◆ 切 [끊을 절] : 切實절실, 切磋琢磨절차탁마
- ◆ 剩 [남을 잉] : 剩餘잉여, 過剩과잉

【文章】

> 子生三年然後, 免於父母之懷, 夫三年之喪, 天下之通喪也.
> 자생삼년연후, 면어부모지회, 부삼년지상, 천하지통상야.
>
> [출전 : 論語-陽貨]

자식이 태어나서 3년이 지난 뒤에야 부모의 품을 벗어나게 되니, 삼년상은 천하의 공통된 상례이다.

【學習 : 죽음 관련 語彙】

(1) 幽明 [유명] : 어둠[幽]과 밝음[明]을 이르는 말로 저승과 이승을 나타내기도 함. '유명을 달리하다'라는 말은 밝은 이승을 떠나 어두운 저승으로 간다는 의미로 '죽다'를 완곡하게 표현한 말.

(2) 他界 [타계] : '인간계를 떠나서 다른 세계[幽冥界]로 간다'는 뜻으로, 사람의 죽음 특히 귀인貴人의 죽음을 이르는 말.

(3) 入寂 [입적] : '入涅槃입열반'이라고도 하는데 이생의 고통을 벗어나서 '열반涅槃의 증과證果를 얻음'을 말함. 적멸寂滅의 경지에 들어섰다는 뜻으로 고통과 번뇌의 세계를 떠나 고요한 적정의 세계로 들어갔다는 것을 뜻함.

(4) 그밖에 죽음을 나타내는 말 : 逝去서거, 別世별세, 死亡사망, 棄世기세, 永眠영면, 永訣영결, 崩御붕어, 召天소천.

7. 제례 祭禮

【字源/部首】

1) 혼비백산 魂飛魄散

魂[鬼,넋 혼]/飛[飛,날 비]/魄[鬼,넋 백]/散[攵,헤어질 산]

■ 魂飛魄散 [혼비백산] : 혼魂이 날아가고 백魄이 흩어지다는 뜻으로, 몹시 놀라 어찌할 바를 모른다는 의미. 영혼靈魂은 하늘로 돌아가고 뼈에 깃든 영백靈魄은 땅으로 돌아간다는 유교적 관념이 깃든 글자로, 제사를 지낼 때 향을 피우는 것은 하늘에 있는 '혼'을, 술[鬱鬯酒]을 올리는 것은 땅에 있는 '백'을 부르는 행위임.

◆ 魂 : 會意. 鬼+云. '鬼귀'·'云운' 모두 비일상적인 것의 뜻. 사후 영혼의 뜻을 나타냄. 또 '구름'을 그린 '云운'과 '鬼귀'가 결합하여 영혼이 구름처럼 이리저리 떠돈다는 의미를 나타냄. 전轉하여 '정신精神·마음'의 뜻으로 쓰임.
◆ 飛 : 象形. 새가 날개를 치고 나는 모양을 본떠, '날다'의 뜻을 나타냄.
◆ 魄 : 形聲. 鬼+白(音). '鬼귀'는 '영혼'의 뜻. '白백'은 '생기를 잃다'의 뜻. 육체에 깃들여 있다가 죽으면 그 육체를 떠나서 땅으로 돌아가는 '넋'의 뜻을 나타냄.
◆ 散 : 形聲. 殳+㪔(音). '㪔산'은 몽둥이로 '마'를 두드려 펴는 모습을 그린 것으로 '흩어지다'라는 뜻을 나타냄.

2) 종묘사직 宗廟社稷

宗[宀,마루 종]/廟[广,사당 묘]/社[示,토지신 사]/稷[禾,곡식신 직]

58

■ 宗廟社稷 [종묘사직] : 경복궁을 중심으로 왼편에는 종묘, 오른편에는 사직을 두어, 좌묘우사左廟右社라고 함. 종묘宗廟는 조선 왕조의 역대 왕과 왕비의 신주神主를 모시고 제사를 지냈던 곳으로 유교적 전통인 왕실의 제례 문화를 보여 주는 세계적 문화유산임. 사직社稷은 토지신 사社와 곡식신 직稷을 모신 단으로, 나라의 발전과 백성들의 편안한 삶 및 풍년을 기원하기 위해 제사를 올리던 곳. 해마다 종묘와 사직에 제사를 지내는 일은 국가의 큰일이었기 때문에 '종묘사직'이란 말이 국가를 상징하게 됨.

◆ 宗 : 會意. 宀+示. '宀면'은 '가옥家屋'의 뜻. '示시'는 '신사神事'의 뜻. 신사가 행하여지는 집, 곧 사당祠堂의 뜻을 나타내며, 파생하여 '조상'의 뜻이나 조상을 모시는 '족장族長'의 뜻을 나타냄.

◆ 廟 : 會意. 广+朝. '广엄'은 지붕의 상형. '朝조'는 조례朝禮를 하는 곳의 뜻. 조상을 제사 지내는 '사당'의 뜻을 나타냄.

◆ 社 : 象形. 示+土(音). '신사神事가 행하여지는 집'이란 뜻인 '示시'와 '공동으로 제사 지내는 농토'의 뜻인 '土'가 결합하여 '토지 신'이라는 의미를 나타냄. 이후 '토지의 신'에게 제사를 지내기 위해 많은 사람이 모였다는 의미가 확대되면서 '모이다'라는 뜻을 갖게 됨.

◆ 稷 : 形聲. 禾+畟(音). '畟측'은 '경작하다'의 뜻. '禾화'를 덧붙여 농업에서의 주요한 곡식, '기장'의 뜻을 나타냄.

■ 宀을 부수로 하는 한자
⇒ 집의 종류나 상태 및 그와 연관된 여러 의미를 나타냄.

◆ 宿 [잠잘 숙] : 宿食숙식, 宿願숙원
◆ 安 [편안할 안] : 便安편안, 安分知足안분지족
◆ 守 [지킬 수] : 守備수비, 攻守공수

> 季路問事鬼神, 子曰 未能事人焉能事鬼, 敢問死, 曰 未知生焉知死.
> 계로문사귀신, 자왈 미능사인언능사귀, 감문사, 왈 미지생언지사.
>
> [출전 : 論語-先進篇]

　　계로가 귀신을 섬기는 것에 대해 물었다. 공자께서 말씀하시기를 "아직 사람도 섬기지 못하는데 어찌 귀신을 섬길 수 있겠느냐"고 하셨다. 감히 죽음에 대해 물었다. 공자께서 말씀하시기를 "아직 삶도 알지도 못하는데 어찌 죽음을 알겠느냐."고 하셨다.

【學習 : 祭祀 관련 語彙】

(1) 忌祭祀 [기제사] : 조상이 돌아가신 날을 '기일忌日' 또는 '휘일諱日'이라고 하며, 기제사는 매년 고인의 기일에 지내는 제사를 말함. 기일 전날을 입제일入祭日이라 하여 제물을 준비하고, 기일인 파제일罷祭日의 자시에 기제사를 지냄.

(2) 神主 [신주] : 죽은 사람의 위位를 모신 나무 패牌이며, 위패位牌, 혹은 목주木主라고도 함. 장례를 지내고 3년 상을 끝낸 뒤, 신주를 사당이나 제실 및 서원 등에 모심. (※ 신주단지 : 신주단지는 원래 성주단지에서 유래한 것으로 城主神성주신·成造神성조신이 깃들어있는 신성한 단지를 말함.)

(3) 紙榜 [지방] : 신주神主를 모시고 있지 않은 집안에서 차례나 기제사 때 종이에 써서 모신 신위神位.

Ⅲ. 자연

1. 춘하추동 春夏秋冬

【字源/部首】

1) 봄-입춘대길 立春大吉

> 立[立,설 립]/春[日,봄 춘]/大[大,클 대]/吉[口,길할 길]

■ 立春大吉 [입춘대길] : 입춘立春은 24절기 중 첫 번째[양력 2월 4일경]으로 봄이 시작되는 때. '입춘대길'은 한 해를 시작하면서 좋은 기운이 가득하기를 바라는 마음을 담은 구절로, 맑은 날과 경사스러운 일이 생기기를 기원하는 '건양다경建陽多慶'과 함께 쓰임.

- ◆ 立 : 指事. 일선상一線上에 사람이 선 모양을 나타내어, '서다'의 뜻을 나타냄.
- ◆ 春 : 形聲. 篆文은 日+艸+屯(音). '屯둔'은 떼지어 모이다의 뜻. 풀이 햇빛을 받아 무리지어 나는 모양에서, '봄철'의 뜻을 나타냄.
- ◆ 大 : 形聲. 두 팔, 두 다리를 편안히 한 사람의 모양을 본 떠, '크다'의 뜻을 나타냄.
- ◆ 吉 : 會意. 士+口. '士사'는 갑골문·금문金文에서는 도끼 등의 날붙이의 상형. '口구'는 상서로움을 비는 말의 뜻. 축문 위에 그 내용을 확보하기 위한 날붙이를 주술呪術 삼아 놓는 모양에서, '길하다, 상서롭다'의 뜻을 나타냄.

2) 여름-삼복염천 三伏炎天

> 三[一,석 삼]/伏[亻,엎드릴 복]/炎[火,불꽃 염]/天[大,하늘 천]/
> 夏[夂,여름 하]

■ 三伏炎天 **[삼복염천]** : 초복初伏·중복中伏·말복末伏을 합쳐 세 번의 복날이라 하여 삼복三伏이라 일컬음. '염천炎天'이란 '불꽃같이 더운 날씨'라는 의미로, 이 기간이 가장 덥기 때문에 '삼복염천三伏炎天'이라는 표현을 씀.

  ◆ 三 : 指事. 세 개의 가로획으로 수數의 '셋'의 뜻을 나타냄.
  ◆ 伏 : 會意. 人+犬. 개가 사람 옆에 바짝 엎드려 복종하고 있는 모습을 나타냄.
  ◆ 炎 : 會意. 火+火. '火화'를 겹쳐놓는 방식으로 불길의 뜨거움을 표현함. 전轉하여 뜨거운 열기에서 연상되는 '덥다', '열나다' 등의 의미를 나타냄.
  ◆ 天 : 指事. 사람의 머리 부분을 크게 강조하여, '위·꼭대기'의 뜻을 표현함. 이후 사람의 머리 위에 하늘이 있다는 의미에서 '하늘'이라는 뜻을 나타냄.
  ◆ 夏 : 會意. 頁+臼+夂. 탈을 쓰고(頁혈+臼구) 춤추는 모양(夂쇠)을 형상한 것으로, '크고 훌륭하다'라는 의미와 함께 '중국中國'이나 '중국인中國人'을 가리킴. 또한 여름에 지내는 제사 때 춤추는 데서 유래하여 '여름'의 뜻으로도 쓰임.

3) 가을-추고마비 秋高馬肥

秋[禾,가을 추] / 高[高,높을 고] / 馬[馬,말 마] / 肥[肉,살질 비]

■ 秋高馬肥 **[추고마비]** : '가을 하늘이 맑고 높으며, 말은 살찌고 기운이 좋다'는 뜻으로 오곡백과五穀百果가 무르익는 가을을 이르는 말. 본래 '秋高塞馬肥추고새마비'로, 당나라 초기 두심언杜審言의 시에서 유래하였으며, 다른 말로 '천고마비天高馬肥'라고도 함. 북방 민족인 흉노匈奴는 말이 살찌는 가을 무렵에 남하南下하여 중국 변경邊境을 침노侵擄하였으므로, 이에 대한 경계심을 은유하여 표현함.

  ◆ 秋 : 會意. 禾+火+龜. 고대에는 '龜[거북]'의 등딱지가 불을 갖다 댐으로써 점占을 쳤음. 거북은 가을철에 잡히기 때문에, '가을'의 뜻을

나타냄. 이후 '龜귀'를 생략하고 '禾화'를 덧붙여 곡식의 수확하는 가을철[秋]을 나타냄.

- ◆ 高 : 象形. 높고 큰 문 위 누다락의 모양을 본떠, '높다'의 뜻을 나타냄.
- ◆ 馬 : 象形. 말 모양을 본떠, '말'의 뜻을 나타냄.
- ◆ 肥 : 會意. 月(肉)＋巴. '巴파'는 뚱뚱한 사람의 象形. 육체가 살찌다의 뜻을 나타냄.

4) 겨울–동지 冬至

冬[冫,겨울 동] / 至[至,이를 지]

■ 冬至 [동지] : 24절기 중 22번째 절기[양력 12월 22-23일경]. 하지가 일 년 중에서 낮이 가장 길고 밤이 가장 짧은 데 비해 동지는 반대로 낮이 가장 짧고 밤이 가장 길기 때문에, "동지섣달 긴긴밤에 임 없이는 살아도, 삼사 월 긴긴 해에 점심 없이는 못 산다."는 속담이 전함. 동지를 작은 설이란 뜻에서 아세亞歲라 부름.

- ◆ 冬 : 會意. 冫＋夂. 갑골문에서는 긴 끈의 양쪽 끝을 묶어 놓은 모습을 형상하여, 줄이 풀리지 않게 일을 마무리했다는 뜻을 나타냄. 이후 '冫빙'이 더해진 '冬'자가 만들어지면서 한 해를 마무리하는 '겨울'을 뜻하게 됨.
- ◆ 至 : 指事. 화살이 땅바닥에 꽂힌 모양에서, '이르다, 당도하다'의 뜻을 나타냄.

■ 日을 부수로 하는 한자
⇒해의 작용이나 성질 및 그와 연관된 여러 의미를 나타냄.

- ◆ 昭 [밝을 소] : 昭詳소상, 昭格署소격서
- ◆ 暑 [더울 서] : 避暑피서, 酷暑혹서
- ◆ 昇 [오를 승] : 昇進승진, 昇降승강

【文章】

> 東坡老人在昌化, 嘗負大瓢行歌於田間, 有老婦年七十, 謂坡云 內翰昔日
> 富貴, 一場春夢, 坡然之.
> 동파노인재창화, 상부대표행가어전간, 유노부년칠십, 위파운 내한석일부
> 귀, 일장춘몽, 파연지.
>
> [출전 : 趙今時-侯鯖錄]

　　소동파蘇東坡 노인은 창화昌化에 유배流配 생활을 하였다. 일찍이 큰 표주박 하나를 메고 밭 사이로 걸으며 노래를 흥얼거렸다. 어떤 70세 노부老婦가 소동파에게 말하기를 "한림학사[內翰]의 지난날 부귀는 일장춘몽一場春夢이지요?" 그러자 소동파는 "그렇다"고 답하였다.

【學習 : 春夏秋冬 관련 語彙】

(1) 春來不似春 [춘래불사춘] : 봄이 와도 봄처럼 느끼지 못한다는 뜻으로 당나라 동방규東方虬의 <소군원昭君怨>에 출전을 둔 시어詩語. 슬픔과 절망에 빠져 좋은 일도 즐겁게 받아들이기 어려운 마음 상태를 이르는 말.

(2) 冬溫夏淸 [동온하정] : '겨울에는 따뜻하게, 여름에는 서늘하게 한다'는 뜻으로, 부모를 잘 섬기어 효도함을 이르는 말. '저녁에는 잠자리를 살피고 아침에는 일찍이 문안을 드린다'는 뜻인 '昏定晨省혼정신성'과, '나갈 때 반드시 아뢰고 돌아올 때 반드시 뵌다'는 뜻인 '出必告反必面출필곡반필면'이란 어휘와 함께 『예기禮記』·<곡례曲禮>에 실림.

(3) 一葉知秋 [일엽지추] : '오동나무 잎이 하나 떨어지는 것을 보고 가을이 다가오는 것을 안다'는 뜻으로, 작은 일을 보고 앞으로 닥칠 큰일을 예측한다는 말. 『淮南子회남자』·「說山訓설산훈」에서 유래함.

(4) 除夜 [제야] : 음력의 12월 마지막 날[섣달 그믐밤]. '작은 설'이라고 하여 묵은세배를 올리는 풍습이 있고, 조정朝廷에서는 2품 이상의 조관朝官들

이 왕에게 '묵은 해 문안'을 드리기도 함. 민간에서는 집안 곳곳에 등불을 밝히고 밤샘을 하는 '세시歲時' 풍속이 전해짐.

2. 금수충어 禽獸蟲魚

【字源/部首】

1) 금수–금수회의록 禽獸會議錄

> 禽[内,날짐승 금]/獸[犬,길짐승 수]/會[曰,모일
> 회]/議[言,의논할 의]/錄[金,기록할 록]

■ **禽獸會議錄** [금수회의록] : 안국선安國善이 지은 신소설로 황성서적업조합皇城書籍業組合에서 출간(1908)하였지만, 언론출판규제법言論出版規制法에 의하여 금서禁書 조치가 내려진 작품. 동물들을 통하여 인간사회의 모순과 비리를 풍자한 우화소설寓話小說.

◆ 禽 : 會意. 今+凶+内. '禽'에 쓰인 '凶흥'은 들짐승을 잡는 덫을 그린 것으로 '흉하다'라는 뜻을 가짐. 여기에 짐승의 발자국을 그린 '内유'를 결합하여 '날짐승' 내지는 '짐승을 잡는다'의 뜻을 나타냄.

◆ 獸 : 會意. 嘼+犬. '嘼수'는 사냥도구를 그린 것으로 '짐승'이라는 뜻을 가짐. 갑골문에서도 활을 상형한 '單단'과 개를 뜻하는 '犬'이 결합된 형태로, 사냥도구로 짐승을 잡는다는 뜻을 표현함. 이후 사냥의 대상이 된 동물을 일컫게 되면서 '짐승'이나 '가축'이라는 뜻을 나타냄.

◆ 會 : 象形. 시루에 뚜껑을 덮은 모양을 본떠, '모이다'나 '모으다'라는 뜻을 표현함. 이후에 사람 간의 만남이나 만남의 시간과 관련된 의미를 파생시키게 되어 '만나다'나 '시기'라는 뜻으로도 쓰임.

◆ 議 : 形聲. 言+義(音). '義의'는 옳은 길의 뜻. '言'을 결합하여 '옳은 길을 추구하여 발언하다'라는 뜻을 나타냄.

◆ 錄 : 形聲. 金+彔(音). '彔록'은 물을 퍼올리다의 뜻. '金'을 결합하여 '중요한 일을 퍼 올려서 금속에 적다'라는 의미를 나타냄.

2) 충-형설지공 螢雪之功

螢[虫,개똥벌레 형]/雪[雨,눈 설]/之[丿,갈 지]/功[力,공 공]/蟲[虫, 벌레 충]

■ **螢雪之功 [형설지공]** : '반딧불과 눈빛으로 이룬 공'이란 뜻으로, 후진後晉 이한李瀚의 『몽구蒙求』에 전하는 고사故事. 진晉 차윤車胤이 반딧불로 글을 읽고 손강孫康이 눈빛으로 글을 읽어 입신立身하였다는 이야기로, 어려운 환경에서도 학문學問에 힘씀을 비유한 말. 다른 말로 '螢窓雪案형창설안'이라고도 함.

◆ 螢 : 形聲. 虫+熒(音). '熒형'은 둘러서 놓은 모닥불의 뜻. 모닥불 같은 빛을 내는 벌레, '개똥벌레'를 이름.
◆ 雪 : 會意. 雨+彗. '彗혜·수·세'는 비로 쓸어서 깨끗이 하다의 뜻. 본래 자형字形인 '䨥'자는 내린 눈을 빗자루로 쓰는 모습을 표현한 것. 이후 획을 줄인 '雪'자가 '눈'이라는 의미를 나타냄. 전轉하여 '고결하다'나 '씻어버리다'라는 뜻으로도 쓰임.
◆ 之 : 指事. 止+一. '止지'는 '발'의 뜻. 가로획 '一'은 출발선을 보임. 출발선에서 막 한 발짝 내딛고자 함을 나타내어 '가다'의 뜻으로 쓰임.
◆ 功 : 會意. 工+力. 땅을 다지는 도구인 '달구'를 형상한 '工공'에서 '力력'을 결합하여 땅을 다지는 도구를 들고 힘을 쓰는 모습을 표현함. 달구는 땅을 단단하게 다져 성벽이나 둑을 쌓던 도구였기 때문에 '功'자는 나랏일에 힘써 준다는 의미에서 '공로'나 '업적', '사업'이라는 뜻을 가짐.
◆ 蟲 : 會意. 虫+虫+虫. '虫충'은 뱀을 본뜬 모양. 많은 발이 없는 벌레의 뜻을 나타냄. 본래 '虫훼'와 '蟲충'은 별자別字이지만, '蟲'의 생략

체로서 '虫'이 사용됨.

3) 어-어변성룡 魚變成龍

魚[魚,고기 어]/變[言,변할 변]/成[戈,이룰 성]/龍[龍,용 룡]

■ 魚變成龍 [어변성룡] : '물고기가 변하여 용이 된다'는 뜻으로, 변변치 못한 처지에 있던 사람이 크게 성공한 것을 비유적으로 이르는 말. 비슷한 뜻으로 어룡장화魚龍將化, 입신양명立身揚名, 등달騰達, 출곡천교出谷遷喬 등이 있음.

- 魚 : 象形. 물고기의 형상을 본뜬 글자, 이후 물고기의 몸통과 꼬리를 '田전'과 '灬화'로 표현하게 되면서 지금의 '魚'자가 만들어짐.
- 變 : 會意. 緣+ 攴. '緣련'은 '계속하다'의 뜻. 연속된 것을 잘라서 바꾸다의 뜻을 나타냄.
- 成 : 形聲. 戊+ 丁(音). '丁정'은 '못박다, 평정하다'의 뜻. '戊무'는 큰 말이 달린 도끼의 뜻. 큰 도끼로 적을 평정하는 뜻에서, 어떤 일이 이루어지다의 뜻을 나타냄.
- 龍 : 象形. 머리 부분에 '辛신'자 모양의 장식이 있는 뱀을 본 떠, '용'의 뜻을 나타냄.

■ 魚를 부수로 하는 한자
⇒ 물고기의 이름이나 성질 및 그와 연상되는 여러 의미를 나타냄

- 鮮 [고울 선] : 鮮明선명, 新鮮신선
- 鱗 [비늘 린] : 片鱗편린, 逆鱗역린
- 鰥 [환어 환] : 鰥夫환부, 鰥寡孤獨환과고독

【文章】

鳳凰壽, 百鳥朝賀, 惟蝙蝠不至, 鳳責之曰 汝居吾下, 何踞傲乎, 蝠曰 吾有
足, 屬於獸, 賀汝何用. 一日, 麒麟生誕, 蝠亦不至, 麟亦責之, 蝠曰 吾有
翼, 屬於禽, 何以賀歟, 麟鳳相會, 語及蝙蝠之事, 互相慨嘆曰 如今世上惡
薄, 偏生此等不禽不獸之徒, 真個無奈他何.

봉황수, 백조조하, 유편복부지, 봉책지왈 여거오하, 하거오호, 복왈 오유족,
속어수, 하여하용. 일일, 기린생탄, 복역부지, 린역책지, 복왈 오유익, 속어
금, 하이하여, 린봉상회, 어급편복지사, 호상개탄왈 여금세상악박, 편생차
등불금불수지도, 진개무내타하.

[출전 : 馮夢龍-笑府]

봉황의 환갑[還甲・壽宴]에 온갖 새들이 찾아와 축하를 하는데, 오직 박
쥐만 오지 않았다. 봉황이 박쥐를 꾸짖어 말했다. "너는 내 아래에 있는 자
로서 어찌 거만한가?" 박쥐가 대답했다. "나는 발이 달린 길짐승에 속하는
데 어찌 당신에게 하례[賀禮]할 필요가 있는가?" 어느 날 기린의 생일이었는
데, 역시 박쥐가 오지 않아 기린 또한 박쥐를 꾸짖었다. 박쥐가 대답했다.
"나는 날개가 달린 날짐승에 속하는데 어찌 당신에게 하례하겠는가?" 기린
과 봉황을 서로 만나서 박쥐의 일에 대해 논하였다. 서로 개탄하며 말했다.
"지금 세상이 참 각박[刻薄・惡薄]해진 것 같습니다. 공교롭게[偏生] 이들
은 새도 아니고 짐승도 아닌 무리들이니, 정말로[真個] 그들을 어찌할 방법
이 없습니다[無奈何]."

【學習 : 禽獸會議錄에 나오는 禽獸】

(1) 反哺之孝 [반포지효] : 烏 [까마귀 오] → 인간의 불효.
(2) 狐假虎威 [호가호위] : 狐 [여우 호] → 외세의 의존.
(3) 井蛙語海 [정와어해] : 蛙 [개구리 와] → 좁은 소견의 정치・개화인.
(4) 口蜜腹劍 [구밀복검] : 蜂 [벌 봉] → 서로에 대한 미워함과 속임.
(5) 無腸公子 [무장공자] : 蟹 [게 해] → 지조 없는 지배계급의 부패성.

(6) 營營之極 [영영지극] : 蠅 [파리 승] → 수단을 가리지 않는 간사함.

(7) 苛政猛於虎 [가정맹어호] : 虎 [호랑이 호] → 가혹하고 포악한 정치.

(8) 雙去雙來 [쌍거쌍래] : 鴛鴦원앙 → 불건전한 남녀관계.

3. 초목 草木

【字源/部首】

1) 초−결초보은 結草報恩

結[糸,맺을 결]/草[艸,풀 초]/報[土,갚을 보]/恩[心,은혜 은]

■ 結草報恩 [결초보은] : 죽은 뒤에라도 은혜를 잊지 않고 갚음을 이르는 말. 중국 춘추 시대에, 진나라의 위과魏顆가 아버지가 세상을 떠난 후에 아버지의 첩을 개가시켜 순사殉死하지 않게 하였더니, 그 뒤 싸움터에서 서모庶母의 아버지 혼이 적군의 앞길에 풀을 묶어 적을 넘어뜨려 위과가 공을 세울 수 있도록 하였다는 고사에서 유래.

◆ 結 : 形聲. 糸+吉(音). '吉길'은 '緊긴'과 통하여, 단단히 죄다의 뜻. 실을 단단히 매어 합치다의 뜻을 나타냄.
◆ 草 : 形聲. ++(艸)+早(音). '艸초'와 동일어同一語인데, 그 음을 나타내기 위해 '早조'가 붙여짐. '艸'는 풀의 상형으로 '풀'을 뜻함.
◆ 報 : 會意. 執+又. 죄수를 붙잡은 모습을 형상한 '執집'에 손의 모양을 그린 '又'를 결합하여 죄수를 붙잡아두고 있는 모습을 강조함. 이후 벌을 받아 죗값을 치르라는 의미에서 '갚다'라는 뜻을 가짐.
◆ 恩 : 形聲. 心+因(音). '因인'은 '愛애'와 통하여, '애지중지하다'의 뜻. '心심'을 붙여 '사랑하다'의 뜻을 나타냄.

2) 목-세한지송백 歲寒知松柏

> 歲[止,해 세]/寒[宀,찰 한]/知[矢,알 지]/松[木,소나무
> 송]/柏[木,측백나무 백]

■ **歲寒知松柏 [세한지송백]** : '歲寒然後 知松柏之後彫也'의 줄인 말로 『논어
論語』・「자한子罕」에서 유래한 문장. '소나무와 잣나무의 푸른 기상氣像은 겨
울이 되어야 안다'는 뜻으로, 지사志士의 높은 뜻은 나라가 어지러울 때 알게
된다는 말.

- ◆ 歲 : 形聲. 步+戌(音). '步보'는 '걷다'의 뜻. '戌월'은 큰 도끼의 象
  形. '무기[戌]를 들고 싸우면서 보낸[步] 시간'이라는 뜻. 전轉하여
  '한평생'이라는 뜻을 나타내기도 함.
- ◆ 寒 : 會意. 宀+舛+人+冫. '舛망'은 풀잎을 깐 '요'의 뜻. '冫'은 '얼
  음'의 뜻. 추위에 얼어서 침구에 몸을 잔뜩 오그리는 사람의 모양에서
  '얼다, 춥다'의 뜻을 나타냄.
- ◆ 知 : 會意. 口+矢. '口구'는 '기도하는 말'의 뜻. '矢시'는 '화살'의 뜻.
  화살을 곁들여 기도하여 신의 뜻을 안다는 의미에서, '알다'의 뜻을
  나타냄.
- ◆ 松 : 形聲. 木+公(音). 잎의 색깔이 언제나 변치 않는 상록수常綠樹
  를 뜻하여, '소나무'를 나타냄.
- ◆ 柏 : 形聲. 木+白(音). '白백'은 측백나무 열매의 상형.

■ **木을 부수로 하는 한자**
⇒ 목재로 만든 기물이나 성질, 나무 이름 등의 의미를 나타냄.

- ◆ 植 [심을 식] : 植物식물, 植民地식민지
- ◆ 杯 [잔 배] : 祝杯축배, 苦杯고배
- ◆ 査 [조사할 사] : 檢査검사, 踏査답사

【文章】

> 宋人有閔其苗之不長 而揠之者, 芒芒然歸, 謂其人
> 曰 今日病矣, 予助苗長矣. 其子趨而往視之, 苗則槁矣.
> 송인유민기묘지부장 이알지자, 망망연귀, 위기인왈 금일병의, 여조묘장
> 의. 기자추이왕시지, 묘즉고의.
>
> [출전 : 孟子-公孫丑上]

　송나라 사람 중에 그가 기르는 곡식이 빨리 자라지 않음을 걱정하여, 곡식을 잡아당겨 뽑아 올린 사람이 있었다. 지친 모양[芒芒然]으로 귀가하여, 가족들에게 말하였다. "오늘은 피곤하구나. 내가 곡식이 자라도록 도와주었다." 그의 아들이 급히 가서 보니, 곡식이 모두 말라 있었다.

【學習 : 나무 관련 語彙】

(1) 化被草木 [화피초목] : 덕화德化가 사람이나 짐승뿐만 아니라 초목草木에게도 미침을 이르는 말.

(2) 綠滿窓前 [녹만창전] : 창 앞에 푸르름이 가득하다는 뜻으로, 창가에 초목草木이 푸르게 우거진 초여름의 경관景觀을 이르는 말.

(3) 松竹之節 [송죽지절] : 소나무같이 꿋꿋하고, 대나무같이 곧은 절개를 이르는 말.

(4) 雨後竹筍 [우후죽순] : 비 온 뒤에 솟아나는 죽순처럼 한때에 무성하게 생기거나 일어나는 모습을 말함.

(5) 破竹之勢 [파죽지세] : 대나무를 쪼갤 때의 맹렬한 기세라는 뜻으로, 세력이 강대해 감히 대적할 상대가 없음을 비유하여 이르는 말.

4. 강산 江山

【字源/部首】

1) 강–강호지락 江湖之樂

江[水,강 강]/湖[水,호수 호]/之[丿,갈 지]/樂[木,즐길 락]

■ **江湖之樂 [강호지락]** : 강과 호수 등 자연을 벗 삼아 누리는 즐거움. 이자현(李資玄, 1061~1125)의 〈제이표第二表〉 등에서 유래한 시어詩語. 조선 전기에는 송순宋純의 〈면앙정가俛仰亭歌〉, 정철鄭澈의 〈성산별곡星山別曲〉 등, 자연과 합일을 표방하면서 강호지락江湖之樂을 노래한 이른바 '강호가사江湖歌辭'가 널리 성행함.

◆ 江 : 形聲. 氵(水)+ 工(音). '工공'은 '公공'과 통하여, 많은 수계水系를 공공公共의 광장처럼 삼켜 버리는 큰 강의 뜻을 나타냄.

◆ 湖 : 形聲. 氵(水)+ 胡(音). '胡호'는 '巨거'와 통하여, '크다'의 뜻, 큰 못, '호수'의 뜻을 나타냄.

◆ 之 : 指事. 止+ 一. '止지'는 '발'의 뜻. 가로획 '一'은 출발선을 보임. 출발선에서 막 한 발짝 내딛고자 함을 나타내어 '가다'의 뜻으로 쓰임.

◆ 樂 : 象形. 갑골문의 모양은 '絲유'와 '木목'을 결합하여 현악기絃樂器를 나타냄. 금문金文에서는 '白백'이 더해지게 되는데, 줄을 튕길 때 사용하는 피크를 뜻하기 위함. 전轉하여 '즐겁다'라는 뜻을 나타냄.

2) 해–상전벽해 桑田碧海

桑[木,뽕나무 상]/田[田,밭 전]/碧[石,옥돌 벽]/海[水,바다 해]

■ **桑田碧海 [상전벽해]** : 뽕나무밭이 변하여 푸른 바다가 된다는 뜻으로, 세

상일의 변천이 심함을 비유적으로 이르는 말. 진晉나라 갈홍葛洪 『신선전神仙傳』의 <마고선녀 이야기>와 유정지劉廷芝의 <대비백두옹代悲白頭翁> 등에서 유래한 말로, '桑田變成海상전변성해'라고도 함.

- 桑 : 象形. '木목'과 '叒약'이 결합한 모습으로, 지엽枝葉이 유연한 뽕나무의 모양을 나타냄.
- 田 : 象形. 경작지 주위의 경계境界와 논두렁길을 본뜸. 본디 농경지나 사냥터를 나타냈지만, 이후 논은 '畓답', 밭은 '田전'으로 구별區別함.
- 碧 : 形聲. 王(玉)＋石＋白(音). '白백'은 '빛나다'의 뜻. 광택이 있는 옥과 같은 돌, '벽옥'의 뜻을 나타냄.
- 海 : 形聲. 氵(水)＋每(音). '每[매·회]'는 어둡다의 뜻. 넓고 깊고 어두운 '바다'의 뜻을 나타냄.

3) 산-우공이산 愚公移山

愚[心,어리석을 우]/公[八,공평할 공]/移[禾,옮길 이]/山[山,뫼 산]

■ **愚公移山 [우공이산]** : '우공이 산을 옮기다'라는 뜻. 『열자列子』·「탕문편湯問篇」에서 유래한 말로, 남이 보기엔 어리석은 일처럼 보이지만 한 가지 일을 끊임없이 노력하면 언젠가는 목적目的을 달성達成할 수 있다는 뜻.

- 愚 : 形聲. 心＋禺(音). '禺우'는 원숭이와 비슷한 나무늘보의 상형으로, 활발하지 못하고 둔하다의 뜻을 나타냄.
- 公 : 指事. '八팔'은 통로의 상형, '口구'는 어떤 특정한 장소를 나타냄. 제사를 지내는 광장의 뜻에서, 공공公共의 뜻을 나타냄.
- 移 : 禾＋多(音). '多다'는 '蛇사'와 통하여, '나긋나긋하다'의 뜻. 벼가 자라 나부껴 흔들린다는 의미로, '옮기다'의 뜻을 나타냄.
- 山 : 象形. 우뚝 솟은 세 개의 봉우리 모양을 본떠, '산'의 뜻을 나타냄.

■ 山을 부수로 하는 한자

⇒ 산의 이름이나 기세, 높다 등과 같이 산에서 연상되는 여러 의미를 나타냄.

- ◆ 嶽 [큰 산 악] : 雉嶽山치악산, 山嶽人산악인
- ◆ 島 [섬 도] : 韓半島한반도, 獨島독도
- ◆ 崇 [높을 숭] : 崇禮門숭례문, 崇拜숭배

【文章】

> 雨歇長堤草色多, 送君南浦動悲歌,
> 大同江水何時盡, 別淚年年添綠波.
> 우헐장제초색다, 송군남포동비가,
> 대동강수하시진, 별루년년첨록파.   [출전 : 鄭知常-送人]

비 갠 긴 둑에 풀빛이 짙은데, 님 보내는 남포에 슬픈 노래 흐르는구나.
대동강 물이 언제나 마르려나, 이별 눈물 해마다 푸른 물결에 더해지네.

【學習 : 白頭山과 三山】

(1) 白頭山 [백두산] : 양강도兩江道 삼지연군三池淵郡과 중국中國 길림성吉林省이 접하는 국경國境에 있는 한반도韓半島 최고봉最高峰으로, 정상頂上에는 천지天池가 있음. 다른 이름으로 불함산不咸山・개마대산蓋馬大山・도태산徒太山・태백산太白山・장백산長白山이라 함.

(2) 金剛山 [금강산] : 강원도江原道 금강군金剛郡・고성군高城郡・통천군通川郡에 걸쳐 있는 산으로, 최고봉最高峰은 비로봉毘盧峯임. 내금강內金剛・외금강外金剛・신금강新金剛・해금강海金剛의 네 개 지역으로 구분됨. 사계절에 따라 금강산金剛山・봉래산蓬萊山・풍악산楓嶽山・개골산皆骨山으로 불림.

(3) 智異山 [지리산] : 전라남도全羅南道 구례군求禮郡, 전라북도全羅北道 남원시南原市, 경상남도慶尙南道 함양군咸陽郡・산청군山淸郡・하동군河東郡에 걸쳐 있

는 산으로, 최고봉最高峰은 천왕봉天王峯임. 다른 이름으로 두류산頭流山·방장산方丈山·지리산地理山이라 함. 화엄사華嚴寺·쌍계사雙磎寺 등 유서由緖 깊은 사찰寺刹과 천연의 동·식물 및 국보國寶·보물寶物 등의 문화재文化財가 많음.

(4) 漢拏山 [한라산]: 제주도濟州道 중앙부에 있는 산이다. 정상에는 화구호火口湖인 백록담白鹿潭이 있음. 다른 이름으로는 영주산瀛州山·부라산浮羅山·두무악頭無岳·부악산釜岳山이라 함.

5. 방위 方位

【字源/部首】

1) 동서-동가식서가숙 東家食西家宿

> 東[木,동녘 동]/家[宀,집 가]/食[食,먹을 식]/西[襾,서녘 서]/宿[宀,묵을 숙]

■ 東家食西家宿 [동가식서가숙] : 동쪽 집에서 먹고 서쪽 집에서 잔다는 뜻. 송宋나라 이방李昉의 『태평어람太平御覽』에서 유래한 말로, 자기의 잇속을 차리기 위해 이리저리 빌붙는 탐욕貪慾스러운 사람을 비유함.

　　◆ 東 : 象形. 자루의 양끝을 동여맨 모양을 본뜸. 무거운 자루를 움직인다는 뜻에서 만물을 잠에서 흔들어 깨우는 태양이 솟아오르는 방향, '동쪽'의 뜻을 나타냄.
　　◆ 家 : 會意. 宀＋豕. '집'을 의미하는 '宀면'과 '돼지'를 의미하는 '豕시'를 결합하여, 집 안에서 귀중한 재산인 돼지 따위의 가축을 기르는 모습을 나타냄.
　　◆ 食 : 象形. 식기에 음식을 담고 뚜껑을 덮은 모양을 본떠, '음식, 먹다'의 뜻을 나타냄.
　　◆ 西 : 象形. 본래 나뭇가지를 엮어 만든 새집의 형상을 본뜬 것으로,

'새집'이나 '둥지'를 지칭함. 이후 가차假借하여 '서쪽'이란 뜻을 나타냄.

◆ 宿 : 會意. 宀＋人＋百. 집안에서 깔개에 누워있는 사람의 모습을 형상한 것으로, 본래 '자다'의 의미를 나타냄. 이후 전轉하여 '숙박하다', '오래되다'의 뜻을 가지게 됨.

2) 남북-남귤북지 南橘北枳

南[十, 남녘 남]/橘[木, 귤나무 귤]/北[匕, 북녘 북]/枳[木, 탱자나무 지]

■ 南橘北枳 [남귤북지] : 남쪽 땅의 귤나무를 북쪽에 옮겨 심으면 탱자나무로 변한다는 뜻. 사람이 처해 있는 환경에 따라 선하게도 되고 악하게도 됨을 이르는 말로 『안자춘추晏子春秋』에서 유래함. 제齊나라 재상宰相 안영晏嬰이 초楚나라에 사신使臣으로 찾아오자, 영왕靈王이 그를 모욕하고자 제나라 출신의 도적을 지목하며 제나라 사람들의 본성을 탓함. 이에 안영은 '남귤북지南橘北枳'의 비유를 들어 반론함.

◆ 南 : 象形. 악기인 종의 따위를 그린 것으로, 이후 가차假借하여 '남쪽'의 뜻을 가지게 됨. 일설에는 남쪽에 종을 걸어 두었기 때문에 '남쪽'을 뜻하게 되었다고 함.

◆ 橘 : 形聲. 木＋喬(音). '喬율'은 '과시誇示하다'의 뜻. 그 나무에 시위적示威的인 가시가 있는 '귤나무'의 뜻을 나타냄.

◆ 北 : 會意. 人＋匕. 두 사람이 등을 돌리고 있는 모습을 형상하여, 배신하다의 뜻을 나타냄. 전轉하여 '달아나다'의 뜻을 나타냄. 또한 사람은 밝은 남쪽을 바라보고 앉거나 서기를 즐기는데, 그때 등지는 방향이 북쪽이므로 '북쪽'의 뜻을 나타냄.

◆ 枳 : 形聲. 木＋只(音). 성부聲部인 '只지'는 갑골문에서 새를 양손으로 잡고 있는 모양을 그렸고, 소전小篆・해서楷書에서 갑골문의 약자인 '口구'와 '八팔'를 합자하여, '외짝, 새 한 마리, 오직, 다만'의 뜻을 나타냄.

3) 종횡-합종연횡 合縱連橫

> 合[口,합할 합]/縱[糸,늘어질 종]/連[辵,이을 련]/橫[木,가로 횡]

■ **合縱連橫 [합종연횡]** : 소진蘇秦의 합종책合縱策과 장의張儀의 연횡책連橫策을 통칭한 것으로, 전국시대戰國時代의 최강국인 진秦에 대한 연燕·제齊·초楚·한韓·위魏·조趙 여섯 나라가 펼친 외교 전술. 강자에 대항하기 위해 약자들이 연합하는 전략과 강자가 개별 약자와 연합하는 전략을 지칭함.

- ◆ 合 : 會意. 스+口. '스집'은 뚜껑, 가리개의 상형. '口구'는 그릇 몸체의 상형. 그릇에 뚜껑을 덮다, 합치다. 또 뚜껑이 있는 합의 뜻을 나타냄.
- ◆ 縱 : 形聲. 糸+從(音). '從종'은 사람이 세로로 뒤따르다의 뜻. 세로실·날실의 뜻에서, '세로'의 뜻을 나타냄. 또 마음에 따르는 대로 하다, 제 마음대로 하다의 뜻도 나타냄.
- ◆ 連 : 會意. 辶(辵)+車. '車거'는 사람이 나란히 늘어서서 끄는 수레, '輦련'과 통함. 사람이 늘어서서 수레를 끌고 길을 가는 모양에서, '이어지다'의 뜻을 나타냄.
- ◆ 橫 : 形聲. 木+黃(音). '黃황'은 몸에 옆으로 차는 띠구슬의 뜻에서, '옆'의 뜻도 나타내며, 또 문을 닫기 위한 가로대, 빗장의 뜻에서 '보통, 옆'의 뜻을 보임.

■ **辵를 부수로 하는 한자**
⇒ 보행과 관련된 행위나 연상되는 여러 의미를 나타냄.

- ◆ 退 [물러날 퇴] : 進退진퇴, 退場퇴장
- ◆ 避 [피할 피] : 回避회피, 避暑피서
- ◆ 還 [돌아올 환] : 還拂환불, 還甲환갑

六年 敎之數與方名, 七年 男女不同席 不共食, 八年 出入門戶及卽席飮
食, 必後長者 始敎之讓.

육년 교지수여방명, 칠년 남녀부동석 불공식, 팔년 출입문호급즉석음식,
필후장자 시교지양.

[출전 : 小學-立敎]

여섯 살이 되면 셈하는 것과 방위의 명칭을 가르치고, 일곱 살이 되면 남
녀가 자리를 함께해서는 안 되고 식사를 같이해서도 안 된다. 여덟 살이 되
면 문을 출입함과 자리에 앉고 음식을 먹음에 반드시 어른보다 나중에 하여
비로소 사양하는 것을 가르쳐야 한다.

【學習 : 方向 관련 語彙】

(1) 斜風細雨 [사풍세우] : 비껴 부는 바람과 가늘게 내리는 비를 이름.
(2) 垂簾聽政 [수렴청정] : 역대 왕조에서 행해진 대리 정치. 나이 어린 왕
이 즉위했을 때 왕대비나 대왕대비가 어린 임금 대신 정사를 돌보는 것. 본
래는 왕대비가 군신을 접견할 때 그 앞에 발을 쳤던 관례로부터 유래한 말.
(3) 左衝右突 [좌충우돌] : 왼쪽으로 찌르고 오른쪽으로 부딪힌다는 뜻으로,
어떤 일에 함부로 맞닥뜨리다가 난항을 겪는 모습을 비유한 말.
(4) 前無後無 [전무후무] : 이전에도 없었고 앞으로도 없을 정도로, 놀랍고
뛰어난 것을 가리키는 표현.
(5) 縱橫無盡 [종횡무진] : 세로로 가로로 다함이 없다는 뜻으로, 어떤 일을
할 때 사방으로 거칠 것 없이 나아가는 자유로운 모습을 가리키는 표현.

제3부 한의학 한자

Ⅰ. 한의학 韓醫學

1. 한의학 韓醫學과 사상체질 四象體質

【字源/部首】

1) 한의학 韓醫學

韓[韋,나라이름 한]/醫[酉,의원 의]/學[子,배울 학]

■ **韓醫學 [한의학]** : 우리나라에서 전통적으로 내려오면서 병 치료와 건강을 보호 증진하는 오랜 역사적 과정에 창조되고 발전하여 온 민족 의학. 한의학은 우리나라에 풍부한 한약과 침·뜸·부항·안마 등 독특한 치료법을 이용하여 사람들의 병 치료와 건강 보호 증진에 이바지해 왔으며 우리 민족의 생활 습성과 신체 구조에 맞게 발전되어 온 민족의 귀중한 의학 유산.

◆ 韓 : 形聲. 韋+倝(音). '韋위'는 '에우다'의 뜻. '倝간'은 '마르다'의 뜻. 우물 난간의 뜻을 나타냄.

◆ 醫 : 形聲. 酉+殹(音). '殹예' 중의 '医예'는 '矢의'나 '疑의'의 왼쪽과 같은 종류의 것으로, '戶수'를 덧붙여, 주술을 거는 목소리를 나타내는 의성어. 치료하는데 약초술 따위를 쓰게 되자, '酉유'를 덧붙임. 병을 고치는 사람의 뜻을 나타냄.

◆ 學 : 形聲. 甲骨文은 臼+冂+爻(音). '臼구'는 양손으로 끌어올리는 모양, '冂경'은 건물의 모양을 본뜸. '爻효'는 어우러져 사귀다의 뜻. 가르치는 자가 배우는 자를 향상시키는 사귐의 터인 건물, 학교의 뜻을 나타냄.

▣ 酉를 부수로 하는 한자
⇒ 술의 종류나 발효시켜 만든 음식 등의 의미를 나타냄.

◆ 醫 [의원 의] : 醫師의사, 醫術의술
◆ 醉 [취할 취] : 醉中眞談취중진담, 醉生夢死취생몽사
◆ 酸 [실 산] : 酸素산소, 酸性산성

2) 사상체질 四象體質

四[口,넉 사]/象[豕,모양 상]/體[骨,몸 체]/質[貝,바탕 질]

▣ **四象體質 [사상체질]** : 19세기에는 사상의학四象醫學이 나옴. 이 시기에 편찬된 『동의수세보원東醫壽世保元』에는 사람의 체질을 사상[사상四象 : 태양太陽·태음太陰·소양少陽·소음少陰]으로 나누고 그에 맞게 치료를 하도록 서술함.

◆ 四 : 指事. 甲骨文·金文은 네 개의 가로선으로 '넷'의 뜻을 나타냄.
◆ 象 : 象形. 긴 코의 코끼리 모양을 본 떠, '코끼리'의 뜻을 나타냄. 또, '相상'과 통하여, '자태·모습'의 뜻도 나타냄.
◆ 體 : 形聲. 骨+豐(音). '豐례'는 '多진'과 통하여, 많은 것이 모이다의 뜻, 많은 뼈의 모임의 뜻에서, '몸'의 뜻을 나타냄.
◆ 質 : 會意. 所+貝. '所'은 '부절符節'의 뜻을 나타내는 것으로 추측됨. 금전金錢에 맞먹는 재화財貨, 곧 전당물[物]의 뜻을 나타냄. 또, '信신'과 통하여 '진실·본바탕'의 뜻을 나타냄.

◨ 豕를 부수로 하는 한자

⇒ 돼지나 힘센 가축의 의미 및 남성미에 대한 상징을 나타냄.

- ◆ 象 [모양 상] : 現象현상, 四象醫사상의
- ◆ 豚 [돼지 돈] : 豚肉돈육, 養豚양돈
- ◆ 豪 [호걸 호] : 英雄豪傑영웅호걸, 集中豪雨집중호우

【文章】

> 割不正 不食, 不得其醬 不食, 肉雖多 不使勝食氣, 唯酒無量 不及亂.
> 할부정 불식, 부득기장 불식, 육수다 불사승사기, 유주무량 불급난.
>
> [출전 : 論語-鄕黨]

자른 것이 바르지 않으면 드시지 않으셨고, 알맞은 장이 없으면 드시지 않으셨으며, 비록 고기가 많더라도 밥의 기운을 이기게 하지 않으셨다. 오직 술에는 일정한 양이 없으셨으나 어지러움에 이르게 하지 않으셨다.

【學習 : 醫學書】

(1) 黃帝內經 [황제내경] : 의학 경전으로 『내경內經』이라고 함. 황제黃帝·기백岐伯 등이 묻고 대답하는 형식으로 구성됨. 현존하는 최초의 의학에 관한 책으로 전국시대戰國時代에 편집됨. 원서原書는 18권으로 『소문素問』과 『침경鍼經』 (당唐나라 이후의 전본傳本은 『영추靈樞』로 고침.) 각 9권.

(2) 鄕藥集成方 [향약집성방] : 옛 의학서의 하나. 15세기 초엽까지의 우리나라 한의학 발전에서 이룩된 성과와 민간에서 얻은 치료 경험들을 종합하여 편찬한 책. 노중례盧仲禮·유효통兪孝通·박윤덕朴允德 등이 1431년에 편찬에 착수하여 1433년[세종 15년]에 발간함. 총 85권.

(3) 東醫寶鑑 [동의보감] : 옛 의학서의 하나. 16세기까지의 우리나라 한의학 발전 성과를 집대성한 책. 허준許浚이 자신의 임상경험과 국내외 수백여

권의 의학서를 참고하여 1596~ 1610년에 편찬하고 1613년에 발간함.

(4) 東醫壽世保元 [동의수세보원] : 옛 의학서의 하나. 사상의학四象醫學에 관한 이론과 치료법들을 묶어 놓은 책. 1894년(고종 31년)에 이제마李濟馬가 4권 2책으로 편찬하여 1901년에 발간함.

(5) 難經 [난경] : 다른 이름으로는 『팔십일난경八十一難經』·『황제팔십일난경黃帝八十一難經』이라 함. 편집인은 미상未詳으로, 진월인秦越人의 이름을 빌려 편찬함. 서한西漢 이전에 발간되었는데, 일설에 의하면 진秦과 한나라 사이에 발간되었다고도 함. 문답을 가정하고, 문제를 풀이하는 방식으로 엮음.

(6) 傷寒論 [상한론] : 옛 의학서의 하나. 10권. 3세기 초 동한東漢의 장기張機에 의해 편찬됨. 장기의 『상한잡병론傷寒雜病論』 16권 가운데에서 상한 병증과 관계가 있는 부분을 위주로 엮음. 원서原書는 위진魏晋의 왕숙화王叔和가 정리한 것이며, 1065년에 북송北宋 교정의서국校正醫書局이 다시 교정하여 발간함.

(7) 鍼灸大成 [침구대성] : 침구鍼灸에 관한 책. 10권. 다른 이름으로 『침구대전鍼灸大全』이라 함. 명明의 양계주楊繼洲가 짓고 근현靳賢이 교정하여, 1601년에 발간됨. 양계주의 『위생침구현기비요衛生鍼灸玄機秘要』의 바탕 위에서 여러 침구 문헌을 모아 엮은 것.

(8) 本草綱目 [본초강목] : 본초학서本草學書. 52권. 명明 이시진李時珍이 1596년에 편찬함. 명대明代 이전 본초학本草學의 바탕 위에서, 800여 종의 참고문헌과 이시진의 광범위한 약물학 지식이 결합되어 정리된 약물학서藥物學書.

2. 음양오행 陰陽五行과 오장육부 五臟六腑

【字源/部首】

1) 음양오행 陰陽五行

> 陰[阝,그늘 음]/陽[阝,볕 양]/五[二,다섯 오]/行[行,다닐 행]

▣ 陰陽五行

(1) 陰陽說 [음양설] : 동양의 고대 및 중세 철학 사조의 하나. 모든 사물 현상은 서로 대립되고 상반되는 속성을 가진 2개의 측면 즉 한 측면은 음陰, 다른 한 측면은 양陽으로 이루어졌다고 보고 그것으로 사물 현상의 발생, 변화, 발전의 원인을 설명한 것을 말함.

(2) 五行說 [오행설] : 고대 및 중세기에 동방 국가들에 널리 퍼졌던 소박한 유물론과 자연 발생적인 변증법적 요소를 가진 철학적 사조의 하나. 사물 현상의 발생 발전의 근원을 5가지 물질의 상호 작용으로 본 것을 말함. 오행설에서는 기氣는 음기陰氣와 양기陽氣로 되어 있으며 이 두 종류의 기가 상호 작용하는 과정에 세계의 기초를 이루는 5가지 물질, 즉 목木·화火·토土·금金·수水가 생기고 그것들이 조화되어 천지 만물이 생겨난다고 봄.

- ◆ 陰 : 形聲. 金文은 阝(阜)+ 今(音). '今금'은 '숨함'과 통하여, '머금다'의 뜻. 구름이 태양을 덮어 삼키다의 뜻에서, 흐림, 그늘의 뜻을 나타냄.
- ◆ 陽 : 形聲. 阝(阜)+ 昜(音). '昜양'은 해가 떠오르다의 뜻. 언덕의 양지쪽의 뜻을 나타냄.
- ◆ 五 : 指事. '二'는 천지天地, 'メ'는 교차交差를 가리켜, 천지간天地間에 번갈아 작용하는 다섯 원소元素[木·火·土·金·水]의 뜻에서, 수數의 '다섯'의 뜻을 나타냄.
- ◆ 行 : 象形. 잘 정리된 네거리의 象形으로, 길, 가다의 뜻을 나타냄.

■ 阜를 부수로 하는 한자

⇒ 언덕이나 장벽 등과 연관된 의미를 나타냄.

◆ 陽 [볕 양] : 陽性양성, 陽刻양각
◆ 障 [막을 장] : 障礙장애, 障壁장벽
◆ 防 [막을 방] : 無防備무방비, 衆口難防중구난방

2. 오장육부 五臟六腑

五[二,다섯 오]/臟[月,오장 장]/六[八,여섯 륙]/腑[月,육부 부]

■ 五臟六腑

(1) 五臟 [오장] : 간肝·심心·비脾·폐肺·신腎 등 5개 장기를 통틀어서 일컬음. 오장과 육부는 다 같이 내장 장기에 속하지만 형태와 기능적 측면에서 서로 구별되기 때문에 분별함. 오장은 생명 활동의 주요 기관으로서 정기를 저장하고 있으며 생리적 기능을 함.

(2) 六腑 [육부] : 담膽·소장小腸·위胃·대장大腸·방광膀胱·삼초三焦 등 6개의 장기를 통틀어서 일컬음. 육부는 음식물을 받아들이고 소화시켜서 영양 물질을 흡수하며 찌꺼기를 아래로 내려 보내는 기능을 함. 또한 진액을 순환시키는 기능도 함.

◆ 五 : 指事. '二'는 천지天地, 'ㄨ'는 교차交差를 가리켜, 천지간天地間에 번갈아 작용하는 다섯 원소元素[木·火·土·金·水]의 뜻에서, 수數의 '다섯'의 뜻을 나타냄.
◆ 臟 : 形聲. 月(肉)+藏(音). '藏장'은 숨기어 간수하다의 뜻. 신체身體의 내부에 숨겨져 있는 기관器官의 뜻을 나타냄.
◆ 六 : 象形. 집의 모양을 본뜸. 전하여, '여섯'의 뜻으로 쓰임.
◆ 腑 : 形聲. 月(肉)+府(音). '府부'는 물건을 간수하는 곳간의 뜻. 내장內臟을 간수하는 부분의 뜻을 나타냄.

▣ 肉을 부수로 하는 한자

⇒ 신체 부위나 장기臟器와 연관된 의미를 나타냄.

- ◆ 臟 [오장 장] : 臟器장기, 內臟내장
- ◆ 腸 [창자 장] : 斷腸단장, 十二指腸십이지장
- ◆ 胸 [가슴 흉] : 胸像흉상, 胸襟흉금

【文章】

李林甫爲相, 凡才望功業出己右及爲上所厚, 勢位將逼己者, 必百計去之, 尤忌文學之士, 或陽與之善, 啖以甘言 而陰陷之, 世謂李林甫, 口有蜜, 腹有劍.

이임보위상, 범재망공업출기우급위상소후, 세위장핍기자, 필백계거지, 우기문학지사, 혹양여지선, 담이감언이음함지, 세위이임보, 구유밀, 복유검.

[출전 : 資治通鑑-唐紀 · 玄宗天寶元年]

이임보李林甫가 재상이 되었는데, 무릇 재능才能과 명망名望, 공업功業이 자기보다 출중하고 황제에게 두터운 신임을 받아 권위가 장차 자기를 위협할 만한 자들에게는 반드시 온갖 계책으로 제거하였다. 더욱이 문학이 뛰어난 선비들을 시기하여 혹 겉으로는 그들과 잘 어울리며 속이기를 감언甘言으로 하였으나, 은밀히 그들을 모함하였다. 세간에는 이임보를 가리켜 "입에는 꿀이 있고, 배에는 칼이 있다."고 하였다.

【學習 : 韓醫學 用語-Ⅰ】

(1) 허실 虛實과 장상론 藏象論

- ◆ 虛實 [허실] : 팔강八綱에서 몸의 정기와 사기가 왕성하고 약한 것에 의해서 구분한 허증虛證과 실증實證을 말한 것. 즉 몸의 반응성[정기正氣]이 세고 약한 것과 사기가 왕성하고 약한 것에 의해 허실증虛實證을 구분했는데, 몸의 반응성(저항력)이 약한 것은 허증이고 반응성이 높은 것은 실증임. 옛

의학서에는 정기가 부족한 것은 허증이고 사기가 왕성한 것은 실증이라고 함.

◆ 藏象論 [장상론] : 장상藏象에 관한 이론. 외부에 나타나는 증상들에 기초하여 내부 장기들의 기능 상태와 병리 변화, 상호관계 등을 설명한 이론. 장상론에는 오장육부五臟六腑·기항지부奇恆之府·경락經絡·오관五官·오체五體·위衛·기氣·영營·혈血·정신·진액 등 장기와 조직, 기관들의 생리적 기능과 병리 변화 및 그것들의 상호관계 등을 기본내용으로 함.

(2) 상생 相生과 상극 相剋

◆ 相生 [상생] : 사물의 상호관계에서 한 사물이 다른 한 사물을 발생시키고 조장시키는 관계를 이르는 말. 오행五行에 속한 목木·화火·토土·금金·수水의 상생 관계를 보면 금생수金生水·수생목水生木·목생화木生火·화생토火生土·토생금土生金임. 옛 의학서에는 상생 관계를 모자母子 관계로 비유하여 나를 낳아 준 어머니 격에 해당한 것을 생아자生我者, 내가 낳은 아들격에 해당한 것을 아생자我生者라 함. 상생 이론으로 장부들의 생리적 기능과 병리적 과정들을 설명함.

◆ 相剋 [상극] : 사물의 상호관계에서 한 사물이 다른 사물을 제약하고 억제하는 관계를 이르는 말. 오행五行에 속한 목木·화火·토土·금金·수水의 상극 관계를 보면 목극토木克土·토극수土克水·수극화水克火·화극금火克金·금극목金克木임. 옛 의학서에는 상극 관계에서 나를 제약하는 것을 극아자克我者 또는 소불승所不勝이라 하고, 내가 제약하는 것을 아극자我克者 또는 소승所勝이라 함. 상극 이론으로 몸의 생리 및 병리적 기전들을 설명함.

◆ 相乘 [상승] : 오행五行의 상극 관계에서 한 사물이 다른 한 사물을 정상보다 더 심하게 제약하고 억제하는 관계를 이르는 말. 예컨대, 목극토木克土의 관계에서 목木이 지나치게 승勝하면 정상보다 더 심하게 토土를 제약하거나 억제한다고 보는 것. 옛 의학서에는 상승 관계로 병리 기전을 설명하였는데, 간목肝木의 기가 횡역橫逆하거나 지나치게 울결鬱結되면 토土에 속한 비위脾胃에 영향을 주어서 식욕이 부진하고 소화 불량과 설사를 하는 등 비위脾胃 장애 증상과 함께 간기肝氣 장애 증상이 나타난다고 함.

◆ 相侮 [상모] : 다른 말로 반극反克·반모反侮라고 함. 오행五行의 상극 관

계에서 제약을 받던 사물이 반대로 제약하던 사물을 제약하고 억제하는 관계를 이르는 말. 예컨대, 금극목金克木의 관계에서 금金이 지나치게 편쇠偏衰하면 목木이 도리어 금을 제약한다고 보는 것. 옛 의학서에는 상모 관계로 병리기전을 설명함. 금金에 속한 폐금肺金이 허해서 숙강肅降 기능이 약해지면 목木에 속한 간肝의 승발소설升發疏泄 기능이 항진되고 간화肝火가 왕성해지면서 폐음肺陰을 상하기 때문에, 마른기침이 나고 가슴이 답답하며 옆구리가 아프고 입이 마르며 눈이 충혈되는 등 목화형금木火刑金의 증상이 나타남.

(3) 오관 五官과 오체 五體

◆ 五官 [오관] : [目舌口鼻耳]. 오장과 관련시켜 본 5개의 기관. 코·눈·입술(입)·혀·귀를 말함. 옛 의학서에 코는 폐肺의 관官, 눈은 간肝의 관, 입술(입)은 비脾의 관, 혀는 심心의 관, 귀는 신腎의 관이라고 함.

◆ 五體 [오체] : [筋脈肉皮骨]. 몸에 있는 힘줄·혈맥·힘살·피부·뼈 등 5가지를 통틀어서 일컬음. 옛 의학서에 힘줄은 간肝, 혈맥은 심心, 피부는 폐肺, 근육은 비脾, 뼈는 신腎과 배합된다고 함.

◆ 五味 [오미] : [酸苦甘辛鹹]. 5가지 맛인 신맛[酸]·쓴맛[苦]·단맛[甘]·매운맛[辛]·짠맛[鹹]을 말함. 옛 의학서에는 신맛을 가진 약은 주로 아물게 하고 수렴收斂하는 작용이 있고, 쓴맛을 가진 약은 열을 내리고 수습水濕을 몰아내는 작용이 있으며, 단맛을 가진 약은 주로 자양하고 완화시키는 작용이 있으며, 매운맛을 가진 약은 주로 땀을 나게 하여 발산시키고 기의 순환을 촉진하는 작용이 있고, 짠맛을 가진 약은 주로 굳은 것을 유연하게 하고 마른 것을 촉촉하게 하는 작용이 있다고 함. 또한 신맛을 가진 약은 간肝에, 쓴맛을 가진 약은 심心에, 단맛을 가진 약은 비위脾胃에, 매운맛을 가진 약은 폐肺에, 짠맛을 가진 약은 신腎에 주로 작용한다고 함.

◆ 五聲 [오성] : [呼笑歌哭呻]. 사람의 정서 변화와 관련된 부르짖는 것[呼]·웃는 것[笑]·우는 것[哭]·노래하는 것[歌]·신음하는 것[呻] 등 5가지 소리를 지칭함. 옛 의학서에 호는 간肝에, 소는 심心에, 가는 비脾에, 곡은 폐肺에, 신은 신腎에 결부시킴.

◆ 五臭 [오취] : [臊焦香腥腐]. 누린내[臊臭]·눌은내[焦臭]·고소한내[香

臭]・비린내[腥臭]・썩은내[腐臭] 등 5가지 냄새를 지칭함.

◆ 五液[오액] : [泣汗涎涕唾]. 눈물・땀・군침・콧물・느침 등 5가지를 말함. 옛 의학서에 땀은 심心, 콧물은 폐肺, 눈물은 간肝, 군침[涎]은 비脾, 느침[唾]은 신腎에 소속시킴. 일부 옛 의학서에는 땀・눈물・소변・느침[唾]・골수 등을 오액이라 함.

Ⅱ. 질병 疾病

1. 신체와 경락・경혈

【字源/部首】

1) 신체 身體

身[身,몸 신]/體[骨,몸 체]

■ **身體** [신체] : 물질로써 구성된 인간의 실체. 마음・정신・영혼에 대조되는 것.

◆ 身 : 象形. 사람이 애를 밴 모양을 본떠 '임신하다'의 뜻을 나타내며, 전轉하여, '몸'의 뜻을 나타냄.
◆ 體 : 形聲. 骨＋豊(音). '豊례'는 '参진'과 통하여, 많은 것이 모이다의 뜻, 많은 뼈의 모임의 뜻에서, '몸'의 뜻을 나타냄.

■ **骨을 부수로 하는 한자**
⇒ 몸 각 부위의 뼈대나 몸 자체를 의미하는 부수로 사용됨.

- ◆ 體 [몸 체] : 體軀체구, 體驗체험
- ◆ 髓 [뼛골 수] : 骨髓골수, 精髓정수
- ◆ 骸 [뼈 해] : 遺骸유해, 骸骨해골

2) 경락 · 경혈 經絡 · 經穴

經[糸,날 경]/絡[糸,두를 락]/穴[穴,움 혈]

▣ 經絡 經穴

(1) 經絡 [경락] : 몸 안에서 기혈이 순환하는 통로. 경맥經脈과 낙맥絡脈으로 이루어짐. 곧게 가는 줄기를 경맥이라 하고 경맥에서 갈라져 나와 온몸의 각 부위를 그물처럼 얽은 가지를 낙맥이라고 함. 기혈이 통하는 통로로서 온 몸에 기혈을 공급하여 몸을 자양하며 하나의 통일체로 연결시켜 주는 기능을 수행함.

(2) 經穴 [경혈] : 십사경맥十四經脈에 속해 있는 혈자리. 십사경맥에 귀속시킨 혈로서 모두 361개. 경혈은 모든 혈자리들 가운데에서 기본이 됨. 십사경혈十四經穴과 같은 뜻으로 쓰임.

- ◆ 經 : 形聲. 糸+巠(音). '巠경'은 베틀에 세로 곧게, 단단히 켕긴 날실의 象形으로, '날실'의 뜻. '糸멱'을 덧붙여 뜻을 명확히 했음.
- ◆ 絡 : 形聲. 糸+各(音). '各각·락'은 '두르다'의 뜻. '실을 감다, 감기다, 두르다'의 뜻을 나타냄.
- ◆ 穴 : 象形. 혈거생활穴居生活의 주거住居를 본뜬 모양으로, '구멍·굴'의 뜻을 나타냄.

▣ 糸를 부수로 하는 한자
⇒ 끈의 종류·상태·동작 및 색깔과 관련된 의미를 나타냄.

◆ 經 [날 경] : 經緯경위, 經書경서
◆ 線 [줄 선] : 等高線등고선, 紫外線자외선
◆ 素 [흴 소] : 素服소복, 素食소식

【文章】

昔者楚靈王好士細要，故靈王之臣皆以一飯爲節，脇息然後帶，扶墻然後起，比期年，朝有黧黑之色，是其故何也，君說之，故臣能之也.
석자초영왕호사세요, 고영왕지신개이일반위절, 협식연후대, 부장연후기, 비기년, 조유려흑지색, 시기고하야, 군열지, 고신능지야.

[출전 : 墨子閒詁-兼愛中]

옛날 초영왕楚靈王은 선비의 가는 허리를 좋아하였다. 그러므로 영왕의 신하들은 모두 한 끼 식사만 하며 절식하였는데, 숨을 들이쉰[脇息] 뒤에 띠를 두르며, 벽에 짚고서야[扶墻] 일어서니, 1년에 지나자 조정에는 검은 얼굴빛만이 있었다. 이는 그 까닭이 무엇인가. 임금이 그것을 좋아하였기 때문에 신하들이 그렇게 한 것이다.

【學習 : 身體部位와 經絡論】

(1) 신체부위身體部位

◆ 頭腦 [두뇌] : 골치. 머리. 뇌腦.
◆ 頸項 [경항] : 달리 발항脖項이라고도 함. 경頸과 항項을 한데 아울러서 일컬음. 경頸은 앞목과 옆목을 말하고 항項은 뒷목(목덜미)을 말함.
◆ 胸脇 [흉협] : 앞가슴과 양쪽 옆구리를 말함.
◆ 上肢 [상지] : 상완(상박), 주[肘:팔꿈치], 전완(앞팔)과 손으로 이루어짐. 이들은 다시 삼각근부, 전상완부, 후상완부, 전주부, 후주부, 전전

완부, 후전완부, 손등, 손바닥으로 나눔. 액와[腋窩:겨드랑이]는 상지 내지 가슴에 포함시킴.

◆ 下肢 [하지] : 대퇴, 무릎, 하퇴(정강이)와 발로 이루어짐. 여기에 둔부를 첨가해 하지로 하기도 함. 대퇴는 전대퇴부와 후대퇴부, 무릎은 전슬부와 후슬부로 나눔. 후슬부에는 슬와(오금)가 있음. 하퇴에서는 전하퇴부와 후하퇴부, 발에서는 종부(발뒤꿈치), 발등과 발바닥을 구별함.

◆ 關節[관절] : 뼈와 뼈 사이에 일정한 틈새가 있고 가동성이 있는 것을 관절이라고 함. 이 관절의 구조는 서로 마주하는 뼈의 양단에 초자연골硝子軟骨로 되어 있는 관절연골로 뒤덮인 관절면이 있고 이면 가운데 凸면을 이루는 것을 관절두라 하고 이에 대응해서 凹면을 이루는 것을 관절과라고 함. 이 두 관절면 사이에는 일정한 틈새가 있고 이 연결부를 둘러싸고 있는 것이 관절포이며, 이 관절포가 둘러싸고 있는 강소腔所를 관절강이라고 함.

◆ 赤白肉際 [적백육제] : 손발과 팔다리의 안쪽에 약간 흰빛을 띠는 피부와 바깥쪽에 약간 벌건빛을 띠는 피부와의 경계 부위를 말함.

◆ 皮膚 [피부] : 살갗. 『동의보감東醫寶鑑』에는 피부를 주리腠理라고 하는 데 진액津液이 스며 나가는 곳을 주腠라 하고 겉에 있는 결[금]을 리理라 하였으며 피부는 폐肺와 밀접한 관계가 있다고 함.

◆ 肌肉 [기육] : 근육. 옛 의학서에는 비脾가 온몸의 기육을 주관하므로 기육이 튼튼한가 튼튼하지 못한가 하는 것은 비기脾氣와 밀접히 관련되어 있다고 함.

◆ 手指·足趾·手掌·足掌·爪甲 [수지·족지·수장·족장·조갑] : 손가락·발가락·손바닥·발바닥·손발톱.

◆ 肩·腋·肘·髆·腕·腹·臍 [견·액·주·박·완·복·제] : 어깨·겨드랑이·팔꿈치·팔뚝·손목·배·배꼽.

◆ 下竅·前陰·後陰 [하규·전음·후음] : 하규下竅는 전음前陰과 후음後陰, 즉 외생식기와 항문을 지칭함.

◆ 大腿·小腿·臗/膝蓋 [대퇴·소퇴·곽/슬개] : 넓적다리·정강이·무릎.

(2) 경락론經絡論

◆ 12經絡 [12경락] : 手太陰肺經수태음폐경 · 手陽明大腸經수양명대장경
· 足陽明胃經족양명위경 · 足太陰脾經족태음비경 · 手少陰心經수소음심경
· 手太陽小腸經수태양소장경 · 足太陽膀胱經족태양방광경 · 足少陰腎經족
소음신경 · 手厥陰心包經수궐음심포경 · 手少陽三焦經수소양삼초경 · 足少陽
膽經족소양담경 · 足厥陰肝經족궐음간경.
◆ 氣[기] : 營氣영기 · 衛氣위기 · 氣血기혈 · 宗氣종기 · 元氣원기 · 原氣원기.

2. 생로병사와 병환 · 병인

【字源/部首】

1) 생로병사 生老病死

生[生,날 생]/老[老,늙을 로]/病[疒,병 병]/死[歹,죽을 사]

■ 生老病死 [생로병사] : 衆生이 일평생 동안에 반드시 받아야만 하는 네
가지의 괴로움. 곧 나고, 늙고, 병 앓고, 죽고 하는 일. 사고四苦 · 사상四相이
라기도 함.

◆ 生 : 象形. 초목이 땅 위에 생겨난 모양을 본떠, '생겨나다, 살다' 등
의 뜻을 나타냄.
◆ 老 : 象形. 甲骨文은 허리를 구부리고 지팡이를 짚은 노인의 모습을
형상화한 것임을 잘 알 수 있는데, 篆文은 그 것이 변형變形된 것. 늙
은이의 뜻을 나타냄.
◆ 病 : 形聲. 疒+丙(音). '丙병'은 '퍼지다, 넓어지다'의 뜻. 병이 무거
워지다의 뜻을 나타냄.
◆ 死 : 會意. 歹알+人. '歹알'은 백골白骨의 象形. 무릎 꿇은 사람 앞의
시체의 뜻에서, '죽다'의 뜻을 나타냄.

■ 疒을 부수로 하는 한자
⇒ 온갖 종류의 병과 관련된 의미를 나타냄.

- ◆ 病 [병 병] : 疾病질병, 病症병증
- ◆ 痛 [아플 통] : 沈痛침통, 痛症통증
- ◆ 疫 [돌림병 역] : 免疫면역, 紅疫홍역

2) 병환·병인 病患·病因

病[疒,병 병]/患[心,근심 환]/因[口,인할 인]

■ 病患 病因
(1) 病患 [병환] : 질병. 병의 높인 말.
(2) 病因 [병인] : 병을 일으키는 원인을 말함. 옛 의학서들에는 병인에 대한 분류가 서로 다르지만, 지금은 발병 조건과 침입 경로에 따라 외인外因·내인內因·불내외인不內外因 등 3가지로 나누는 3인 분류법을 쓰고 있음.

- ◆ 病 : 形聲. 疒+丙(音). '丙병'은 '퍼지다, 넓어지다'의 뜻. 병이 무거워지다의 뜻을 나타냄.
- ◆ 患 : 形聲. 心+串(音). '串관'은 물건에 구멍을 뚫고 이어 꿰는 형상. 마음을 꿰어 찌르는 것이 있어 '근심하다'의 뜻을 나타냄.
- ◆ 因 : 會意. 口+大. '口위'는 '깔개'의 뜻. '大대'는 사람의 象形. 사람이 깔개에 누운 모양에서 '의지하다'를 뜻함.

■ 心을 부수로 하는 한자
⇒ 마음의 상태 및 감정의 표현에 대한 의미를 나타냄.

- ◆ 患 [근심 환] : 患者환자, 憂患우환
- ◆ 急 [급할 급] : 危急위급, 緩急완급
- ◆ 忍 [참을 인] : 忍耐인내, 强忍강인

【文章】

扁鵲見蔡桓公, 立有間, 扁鵲曰 君有疾在腠理, 不治將恐深, 桓侯曰 寡人無疾, 扁鵲出, 桓侯曰 醫之好治不病以爲功, 居十日 (…) 扁鵲曰 疾在腠理, 湯熨之所及也, 在肌膚, 鍼石之所及也, 在腸胃, 火齊之所及也, 在骨髓, 司命之所屬, 無奈何也 (…) 故良醫之治病也, 攻之於腠理, 此皆爭之於小者也, 夫事之禍福, 亦有腠理之地, 故聖人蚤從事焉.

편작현채환공, 립유간, 편작왈 군유질재주리, 불치장공심, 환후왈 과인무질, 편작출, 환후왈 의지호치불병이위공, 거십일 (…) 편작왈 질재주리, 탕위지소급야, 재기부, 침석지소급야, 재장위, 화제지소급야, 재골수, 사명지소속, 무내하야 (…) 고량의지치병야, 공지어주리, 차개쟁지어소자야, 부사지화복, 역유주리지지, 고성인조종사언.

[출전 : 韓非子-喩老]

편작扁鵲이 채환공蔡桓公을 알현謁見하여 잠시 서 있었다. 편작이 말하길 "군주의 병이 살갗[腠理]에 있으니 치료하지 않으면 장차 더욱 깊어질 듯합니다."라고 하였다. 환후桓侯가 말하길 "과인寡人은 병이 없다."라고 하였다. 편작이 나가자 환후가 말하길 "의원은 병이 아닌 것을 치료하여 공으로 삼기를 좋아한다."라고 하였다. 십일이 지나 (…) 편작이 말하길 "병이 살갗에 있으면 뜨거운 물로 찜질을 해서[湯熨] 치료할 수 있고, 병이 살갗 안에 있으면 침술[鍼石]로 치료할 수 있고, 병이 위장에 있으면 화제탕火劑湯으로 치료할 수 있습니다. 그러나 병이 골수에 있으면 사령(司命-목숨을 관장하는 신)이 관장하는 것이라 어찌할 수 없습니다. (…) 그러므로 훌륭한 의원은 병을 치료할 적에 병이 살갗에 있을 때 다스리니, 이는 모두 작은 것일 때 싸우는 것이다. 무릇 일의 화복禍福 또한 살갗에 있는 것과 같기 때문에 성인聖人은 일찍이 그 일을 처리하는 것이다.

【學習 : 病因과 疾病】

(1) 病因 [병인]

 ◆ 三因 [삼인] : 병의 원인을 3가지로 나눈 것. 외인外因·내인內因·불내외

인不內外因을 말함.

- 六氣 [육기] : 풍風·한寒·서暑·습濕·조燥·화火 등 6가지 기氣를 말함.
- 七情·七情傷 [칠정·칠정상] : 희(喜: 기뻐하는 것)·노(怒: 성내는 것)·우(憂: 우울해 하는 것)·사(思: 근심하는 것)·비(悲: 슬퍼하는 것)·경(驚: 놀라는 것)·공(恐: 겁내는 것) 등 7가지의 정서 상태를 통틀어서 일컬음. 칠정이 지나치면 장부 기혈에 영향을 주어서 병을 일으킬 수 있음. 내장 장기에 먼저 병이 생겨서 정서 활동에 영향을 주는 경우도 있음.
- 不內外因 [불외내인] : 병인病因 분류의 하나. 외인外因과 내인內因에 속하지 않는 병인을 말함. 음식, 노권勞倦, 타박, 외상, 벌레나 짐승에게 물린 것, 담음痰飮, 어혈, 방로房勞 등이 속함.

(2) 疾病 [질병]

- 痰飮 [담음] : 넓은 의미에서 여러 가지 수음병水飮病을 두루 일컬음. 몸 안에 진액이 여러 가지 원인으로 제대로 순환하지 못하고 일정한 부위에 몰려서 생긴 병증을 말함.
- 疼痛 [동통] : 통증은 임상적으로는 국소성, 신경성, 심인성으로 나뉨. 통증은 염증·악성종양 등에 의한 조직의 상해, 이상온도에의 노출, 종창·타박 등에 의한 조직장력의 변화, 경련 등 이상한 근활동 등으로 일어남.
- 痺證 [비증] : 관절이 저리고 통증이 있으며 심하면 붓기도 하고 팔다리를 잘 움직일 수 없는 병증.
- 結胸 [결흉] : 사기가 가슴속에 몰려서 명치 밑이 그득하고 아프며 만지면 단단한 감이 있는 병증.
- 心下痞 [심하비] : 명치 밑이 그득하면서 더부룩한데 만지면 유연하고 아프지 않는 병증.
- 麻木 [마목] : 감각이 둔해지거나 없어진 병증. 원기와 혈액이 부족하여 경맥을 자양하지 못할 때나 기혈이 몰리거나 한寒·습濕·담痰이 경맥에 침입해서 생김. 마비된 부위에서 차거나 더운 것, 아픈 것을 느끼지 못함.
- 筋惕肉瞤 [근척육순] : 근육이 떠는 병증을 말함.
- 脫營 [탈영] : 지위가 높던 사람이 갑자기 지위를 잃어서 생기는 병증.
- 失精 [실정] : 돈이 많던 사람이 돈을 잃어서 생긴 병증.

◆ 噎膈 [열격] : 달리 격열膈噎・열색噎塞・격기膈氣라고도 일컬음. 음식이 목구멍으로 잘 넘어가지 못하거나 넘어갔다 해도 위에까지 내려가지 못하고 이내 토하는 병증. 술이나 자극성 음식을 많이 먹거나 우울하거나 불쾌한 정서로 담痰이나 기혈이 횡격막에 몰렸을 때 생김.

◆ 反胃 [번위] : 위반胃反・번위翻胃・위번胃翻이라고도 일컬음. 음식을 먹은 다음 일정한 시간이 지나서 토하는 병증. 비위脾胃가 허하거나 명문지화命門之火가 부족하여 음식을 소화시키지 못해서 생김. 음식을 먹으면 명치 아래가 불러 오르고, 먹은 지 1~2시간 또는 여러 시간 지난 뒤에 소화되지 않은 것을 토함.

◆ 消渴 [소갈] : 달리 소단消癉이라고도 부름. 물을 많이 마시고 음식을 많이 먹으나 몸은 여위고 소변량이 많아지는 병증.

◆ 眩暈 [현운] : 달리 현운眩運・현기眩氣・두현頭眩이라고도 함. 어지럼증. 외감外感이나 내상內傷으로 간肝・비脾・신腎의 기능 장애로 생김. 현眩은 눈앞이 아찔해지고 훈暈은 머리가 핑핑 돌아가는 듯한 자각 증상을 표현한 것. 다른 말로 목현目眩・두훈頭暈이라고도 함.

Ⅲ. 치료 治療

1. 진단 診斷과 맥진 脈診

【字源/部首】

1) 진단 診斷

診[言,볼 진]/斷[斤,끊을 단]

■ 診斷 [진단] : 의사가 환자가 지니고 있는 이상 상태를 정확하게 파악하고 이에 따라서 적절한 처치를 내리기 위한 근거를 얻는 것을 말함. 진단의 목표는 단순히 질환명을 결정하는 것뿐만이 아니라 환자가 나타내는 이상 상태를 정확하게 파악하는 것.

　◆ 診 : 形聲. 言＋㐱(音). '㐱진'은, 밀도密度가 높다의 뜻. 병자病者의 증상을 자상하게 물어 보다의 뜻을 나타냄.
　◆ 斷 : 會意. 篆文은 㡭＋斤. '㡭절'은 이어진 실을 본뜬 것. '斤근'은 도끼의 象形. 연결된 것을 끊다의 뜻을 나타냄.

■ 斤을 부수로 하는 한자
⇒ 자르는 행위를 표현하거나 무게 단위인 근의 의미를 나타냄.

　◆ 斷[끊을 단] : 壟斷농단, 斷言단언
　◆ 新[새 신] : 新年신년, 新舊신구
　◆ 斤[근 근] : 斤數근수, 千斤萬斤천근만근

2) 맥진 脈診

脈[月, 맥 맥] / 診[言, 볼 진]

■ 脈診 [맥진] : 달리 절맥切脈·진맥診脈·안맥按脈·지맥持脈이라고도 함. 맥을 짚어 보는 방법. 맥진에는 삼부구후三部九候의 편진법遍診法, 인영人迎·촌구寸口·부양跗陽의 삼부맥진법三部脈診法과 촌구맥진법寸口脈診法 등 여러 가지가 있었으나 지금은 촌구맥진법을 많이 쓰고 있음.

　◆ 脈 : 形聲. 月(肉)＋辰(音). 篆文은 血＋辰(音). '辰파'는 '지류支流'의 뜻. 몸 안에 흐르는 핏줄의 뜻을 나타냄.
　◆ 診 : 形聲. 言＋㐱(音). '㐱진'은, 밀도密度가 높다의 뜻. 병자病者의 증상을 자상하게 물어보다의 뜻을 나타냄.

■ 言을 부수로 하는 한자

⇒ 발화와 관련된 의미를 나타냄.

◆ 診 [볼 진] : 誤診오진, 確診확진
◆ 試 [시험할 시] : 試驗시험, 試合시합
◆ 設 [베풀 설] : 設計설계, 設問설문

【文章】

> 景公問于晏子曰 治國何患, 晏子對曰 患夫社鼠, 公曰 何謂也, 對曰 夫
> 社束木而塗之, 鼠因往託焉, 熏之則恐燒其木, 灌之則恐敗其塗, 此鼠所
> 以不可得殺者, 以社故也, 夫國亦有社鼠, 人主左右是也.
>
> 경공문우안자왈 치국하환, 안자대왈 환부사서, 공왈 하위야, 대왈 부사
> 속목이도지, 서인왕탁언, 훈지즉공소기목, 관지즉공패기도, 차서소이불
> 가득살자, 이사고야, 부국역유사서, 인주좌우시야.
>
> [출전 : 晏子春秋-內篇問上]

　제齊 경공景公이 안자晏子한테 물었다. "나라를 다스림에 무엇을 근심해야
하오?" 안자가 대답했다. "사직단에 숨어 사는 쥐를 근심해야 합니다." 경공
이 말했다. "그게 무슨 말이오?" 안자가 대답했다. "대저 사직단을 만들 때
는 나무를 묶어 벽을 세우고 흙을 바릅니다. 쥐는 그 틈을 파고들어 그곳에
깃들어 삽니다. 연기를 쐬어 쫓아내자니 나무가 탈까 두렵고, 물을 퍼부어
쫓아내자니 벽이 무너질까 두렵습니다. 이에 쥐를 죽일 수 없는 까닭은 사
직단이 무너질까 두렵기 때문입니다. 대저 나라에도 사직단의 쥐와 같은 자
들이 있사온데 임금 주위에 있는 간신이 그들입니다.

【學習 : 診斷法 관련 語彙】

(1) 脈診 [맥진] : 맥을 짚어 보는 방법.
(2) 舌診 [설진] : 망진望診의 하나. 혀의 상태를 진찰하는 것을 말함.

(3) 舌苔 [설태] : 달리 설구舌垢라고도 일컬음. 혀의 이끼. 혓바닥에 이끼처럼 덮인 물질을 말함.

(4) 按診 [안진] : 절진切診과 같은 뜻으로 쓰임. 촉진觸診에 해당함.

(5) 腹診 [복진] : 달리 배수진背兪診이라고도 부름. 복부 절진切診의 일종으로 복벽의 긴장도, 경결, 압통, 복강 내 상태, 동기 등을 살펴 환자의 병증을 판단하여 인식하는 진단방법.

(6) 背兪穴 [배수혈] : 달리 배수혈背輸穴이라고도 부름. 척추의 양쪽으로 내려간 방광경 1측선에 위치하면서 오장 육부와 밀접한 관계를 가지는 혈. 배수혈은 오장육부의 경기經氣가 등에 주입되는 곳이라는 뜻에서 붙여진 이름.

(7) 四診 [사진] : 4가지 진찰 방법. 물어 보기[문진問診], 살펴보기[망진望診], 만져 보기[절진切診], 듣고 맡아 보기[문진聞診] 등 4가지 진찰 방법을 말함.

(8) 八要脈 [팔요맥] : 팔요맥은 맥진脈診을 할 때 여러 가지 맥상 중에서 대표적인 8개의 맥으로서, 浮脈부맥, 沈脈침맥, 遲脈지맥, 數脈삭맥, 滑脈활맥, 澁脈삽맥, 大脈대맥, 小脈소맥을 말함.

2. 한약 韓藥과 치료 治療

【字源/部首】

1) 한약 韓藥

> 韓[韋,나라이름 한]/藥[艹, 약 약]

■ 韓藥 [한약] : 한의학 치료 수단의 하나. 병을 예방 치료하며 사람들의 건강을 증진시키며 수명을 늘리기 위하여 천연물을 그대로 또는 가공하여 만든 약을 말함. 식물에서 기원한 한약을 식물성 한약, 동물에서 기원한 한약을 동물성 한약, 광물에서 기원한 한약을 광물성 한약이라고 함. 한약은 약성에 의한 것, 생물학적인 것, 기관별에 의한 것, 성분에 의한 것, 약리학

적인 것 등으로 분류함.

- ◆ 韓 : 形聲. 韋+倝(音). '韋위'는 '에우다'의 뜻. '倝간'은 '마르다'의 뜻. 우물 난간의 뜻을 나타냄.
- ◆ 藥 : 形聲. ⧾(艸)+樂(音). '樂료'는 '了료'·'料료'·'療료' 등과 통하여, '다스리다'의 뜻. 병病을 끝내는 풀, '약藥'의 뜻을 나타냄.

▣ 草를 부수로 하는 한자
⇒ 풀·나무의 의미 내지는 재료로 만든 사물 및 그와 관련된 행위 등을 나타냄.

- ◆ 藥 [약 약] : 藥材약재, 補藥보약
- ◆ 菜 [나물 채] : 菜蔬채소, 菜食채식
- ◆ 蔽 [덮을 폐] : 隱蔽은폐, 一言蔽之일언폐지

2) 치료 治療

$$治[氵,다스릴 치]/療[疒,고칠 료]$$

▣ 治療 [치료] : 질병의 완화, 치료를 목적으로 이루어지는 모든 의학적 수법.

- ◆ 治 : 形聲. 氵(水)+台(音). '台이'는 '司사'와 통하여, '다스리다'의 뜻. 물을 다스리다의 뜻에서, 일반적으로, '다스리다'의 뜻을 나타냄.
- ◆ 療 : 形聲. 疒+尞(音). '尞료'는 '了료'·'料료'와 통하여, '끝나다, 다스리다'의 뜻. 병을 다스려 고치다의 뜻을 나타냄.

▣ 水를 부수로 하는 한자
⇒ 물의 의미나 작용 및 그와 관련된 행위 등을 나타냄.

- 治 [다스릴 치] : 治癒치유, 治安치안
- 渴 [목마를 갈] : 渴症갈증, 渴望갈망
- 潔 [깨끗할 결] : 潔癖결벽, 淸潔청결

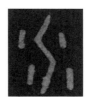

【文章】

莊子曰 夫子固拙於用大矣, 宋人有善爲不龜手之藥者, 世世以洴澼絖爲事, 客聞之, 請買其方以百金, 聚族而謀曰 我世世爲洴澼絖, 不過數金, 今一朝而鬻技百金, 請與之, 客得之, 以說吳王, 越有難, 吳王使之將, 冬與越人水戰, 大敗越人, 裂地而封之, 能不龜手, 一也, 或以封, 或不免於洴澼絖, 則所用之異也.

장자왈 부자고졸어용대의, 송인유선위불균수지약자, 세세이병벽광위사. 객문지, 청매기방이백금, 취족이모왈 아세세위병벽광, 불과수금, 금일조이죽기백금, 청여지, 객득지, 이세오왕, 월유난, 오왕사지장, 동여월인수전, 대패월인, 렬지이봉지, 능불균수, 일야, 혹이봉, 혹불면어병벽광, 즉소용지이야.

[출전 : 莊子-內篇·逍遙遊]

장자가 말하였다. 선생은 진실로 큰 것을 쓰는 데 졸렬하다. 송나라 사람 중에 손이 트지 않는 약을 잘 만드는 사람이 있어서, 대대로 솜을 물에 빠는 일을 가업으로 삼았다. 손님이 그것을 듣고 그 비방을 백금으로 사기를 청하였다. 친족들을 모아 상의하여 말하기를 '우리가 대대로 솜 빠는 일을 하는 것은 몇 금에 지나지 않았는데, 지금 하루아침에 그 기술을 백금에 팔게 되었으니 주어 버리자고 하였다. 손님이 그 비방을 얻어 그것으로 오왕에게 유세를 하였고, 월나라에 전란이 일어나자 오왕은 손님을 장수로 삼았다. 겨울에 월나라 군사들과 수중전을 펼치니 월나라 군사들을 크게 무찔렀고, 땅을 나누어 그에게 봉하였다. 손을 트지 않게 할 수 있는 것은 하나이지만, 혹은 그것으로 영주가 되고 혹은 그것으로 솜 빠는 일을 면치 못하였으니 곧 그것을 어떻게 쓰느냐에 달린 것이다.

【學習 : 韓醫學 用語-Ⅱ】

(1) **本草** [본초] : 옛 한약을 통틀어서 일컬음. 한약에는 식물·동물·광물 등에서 기원한 것이 있는데, 그 가운데에서 식물에서 기원한 한약이 제일 많기 때문에 한약을 본초라고 함.

(2) **升降浮沈** [승강부침] : 한약 약성의 하나. 옛사람들은 한약을 쓸 때 한약의 작용 방향을 크게 4가지로 보고 그것을 승강부침이라고 함. 즉 몸의 위로 향하는 작용을 승升, 아래로 향하는 작용을 강降, 위와 밖으로 향하는 작용을 부浮, 속과 아래로 향하는 작용을 침沈이라고 함. 한약의 작용 방향은 한약의 맛 및 성질과 밀접한 관계가 있다고 함.

(3) **四氣** [사기] : 사성四性과 같은 뜻으로 쓰임. 한약의 성질. 즉 찬 성질[寒性]·서늘한 성질[涼性]·따뜻한 성질[溫性]·더운 성질[熱性] 등 4가지 성질을 말함. 찬 성질·서늘한 성질을 가진 한약들은 음정陰精을 자양하여 열을 내리고, 더운 성질·따뜻한 성질을 가진 한약들은 양기陽氣를 북돋우고 한사寒邪를 없앰.

(4) **七情合和** [칠정합화] : 한약 배합의 7가지. 한약을 쓸 때 한 가지 약을 쓰는 경우(단방)도 있으나 보통 2가지 이상의 약을 섞어 쓰는데, 이때 서로 영향을 주어 약성이 변함. 옛사람들은 한약을 섞을 때 약성이 변하는 7가지 경우가 있다고 보고 이것을 칠정七情·칠정합화라고 함. 곧, 단행單行·상수相須·상사相使·상외相畏·상쇄相殺·상오相惡·상반相反.

(5) **歸經** [귀경] : 한약 약성 이론의 하나. 한의학에서는 사람에게 한약을 쓰면 그것이 온몸에 고루 작용하는 것이 아니라 선택적으로 작용하는 장부와 경맥이 있다고 보고 그것을 귀경이라고 함. 한약의 귀경은 임상 경험에 기초하여 한약에 따라 어느 장부와 경맥의 병증에 대하여 선택적으로 치료 효능을 나타내는가를 보아 규정한 것.

(6) **法製** [법제] : 달리 포제炮製·포자炮炙·수제修製·수치修治라고도 부름. 한약재의 질과 치료 효능을 높이고 보관, 조제, 제제하는 데 편리하게 할 목

적으로 1차 가공을 한 한약재를 다시 제정된 방법대로 가공 처리하는 방법을 통틀어서 일컫는 말.

3. 침구·부항 針灸·附缸과 추나·기공 推拏·氣功

【字源/部首】

1) 침구 鍼灸

鍼[金,바늘 침]/灸[火,뜸 구]

■ 鍼灸 [침구] : 침과 뜸. 동양의학의 오랜 치료법으로 기원전 2~3세기경에 제작한 ≪황제내경黃帝內經≫에 벌써 수록되어 있음. 중국을 기준으로 침은 해안으로 습하고 종기가 많은 동방지역, 뜸은 바람이 세고 기후가 한랭한 북방에서 유래하였다고 함.

> ◆ 鍼 : 形聲. 金+咸(音). '咸함'은 완전히 봉하다의 뜻. 봉하기 위한 바늘의 뜻을 나타냄.
> ◆ 灸 : 形聲. 火+久(音). '久구'는 약쑥으로 몸의 한 점을 태워 치료나 형벌로서 사용하는 '뜸'의 뜻. 뒤에, '火화'를 붙여 그 뜻을 분명하게 했음.

■ 金을 부수로 하는 한자
⇒ 광물·금속의 의미 내지는 재료로 만든 사물 및 그와 관련된 행위 등을 나타냄.

◆ 鍼 [바늘 침] : 指鍼지침, 羅針盤나침반
◆ 銀 [은 은] : 銀行은행, 水銀수은
◆ 鎭 [누를 진] : 鎭壓진압, 鎭痛진통

2) 부항 附缸

附[阝,붙을 부]/缸[缶,항아리 항]

■ **附缸 [부항]** : 부항단지 안에 음압을 조성하여 피부에 흡착시킴으로써 피를 뽑거나 울혈을 일으켜 물리적 자극을 주는 치료법.

- ◆ 附 : 形聲. 阝(阜)+ 付(音). '付부'는 '封봉'과 통하여, 흙을 쌓아 돋우다의 뜻. 흙을 쌓아 돋운 작은 산의 뜻을 나타냄. 또, '付부'와 통하여 '붙다'의 뜻을 나타냄.
- ◆ 缸 : 形聲. 缶+ 工(音). '缶부'는 '항아리'의 뜻. '工공'은 '크다'의 뜻. 큰 항아리의 뜻을 나타냄.

■ **缶를 부수로 하는 한자**
⇒ 토기 및 토기에 담는 물건과 관련된 의미를 나타냄.

- ◆ 缸 [항아리 항] : 魚缸어항, 酒缸주항
- ◆ 缺 [이지러질 결] : 缺陷결함, 補缺보결
- ◆ 罐 [두레박 관] : 藥湯罐약탕관, 茶罐다관

3) 추나 · 기공 推拏 · 氣功

推[扌,밀 추]/拏[手,맞당길 나]/氣[气,기운 기]/功[功,공 공]

■ **推拏 氣功**

(1) **推拏 [추나]** : 정골팔법正骨八法의 하나. 추법推法과 나법拏法이 속함. 추법은 엄지손가락이나 손바닥을 몸의 일정한 부위나 혈穴 부위에 대고 힘을 주면서 밀어주는 방법을 반복하는 것. 나법은 손가락에 힘을 주어 몸의 일정한 부위나 침혈 부위를 잡아당기거나 잡아 쳐들었다가 놓는 방법을 반복하는 것.

(2) 氣功 [기공] : 양생법의 하나. 호흡조절과 정신을 안정하고 집중시키는 것을 규정대로 반복하여 기혈을 고르게 함으로써, 몸을 튼튼하게 하고 병을 치료하는 방법을 이름.

- ◆ 推 : 形聲. 扌(手)+隹(音). '隹추'는 '出출'과 통하여, '나다'의 뜻. 손으로 밀어 내다의 뜻을 나타냄.
- ◆ 拏 : 形聲. 手+奴(音). '奴노'는 '노예'의 뜻. '拿나'와 동일어 이체자(同一語異體字)로, 손으로 잡다, 노예처럼 붙잡다의 뜻을 나타냄.
- ◆ 氣 : 形聲. 米+气(音). '米미'는 쌀알처럼 작은 것의 뜻. '气기'는 뭉게뭉게 피어 오르는 상승 기류上昇氣流의 뜻. '운기雲氣·수증기水蒸氣'의 뜻을 나타냄.
- ◆ 功 : 形聲. 力+工(音). '工공'은 '공작工作하다'의 뜻. '일, 공적'의 뜻을 나타냄.

▣ 手를 부수로 하는 한자
⇒ 손의 부위 또는 손의 작용과 관련된 의미를 나타냄.

- ◆ 推 [밀 추] : 推薦추천, 推測추측
- ◆ 掌 [손바닥 장] : 管掌관장, 掌握장악
- ◆ 拳 [주먹 권] : 拳鬪권투, 赤手空拳적수공권

【文章】

磨針溪, 在眉州象耳山下. 世傳李白讀書山中, 學未成, 棄去. 過是溪, 逢老媼方磨鐵杵. 白問, 何爲. 媼曰, 欲作針耳. 白感其言, 還卒業. 媼自言姓武. 今溪旁有武氏巖.

마침계, 재미주상이산하. 세전이백독서산중, 학미성, 기거. 과시계, 봉노온방마철저. 백문, 하위. 온왈, 욕작침이. 백감기언, 환졸업. 온자언성무. 금계방유무씨암.

[출전 : 方輿勝覽-眉州·磨針溪]

마침계는 미주의 상이산 아래에 있다. 세상에 전하는 바에 따르면, 이백이 이 산에서 공부를 하다가 학업을 이루지 못하고 포기하고 말았다. 돌아가는 길에 이 시냇물을 건너다가 바야흐로 쇠공이를 갈고 있는 노파를 만났다. 이백이 묻기를 "무엇을 하고 계십니까?"하니, 노파가 대답하기를 "바늘을 만들고자 합니다"라고 하였다. 이백은 이 말에 깨달은 바 있어 되돌아가 학업을 마쳤다. 그 노파는 스스로 성이 무武씨라고 했는데, 오늘날 그 시냇가에는 무씨바위가 있다.

【學習 : 韓醫學 用語-Ⅲ】

(1) **補瀉** [보사] : 한의학적 치료 원칙의 하나. 한의학적 치료에서 정기正氣가 허한 증상인 허증虛證에는 보補하는 방법을, 실증實證에는 사瀉하는 방법을 쓰고 있음. 보사는 이 2가지 내용을 포함한 말. 침 치료에서는 수법手法에 따라 보사 방법이 구분되고 한약 치료에서는 약물의 작용에 따라 보사 방법이 구분됨.

(2) **九鍼** [구침] : 옛날에 쓰던 9가지 침. 참침鑱鍼·원침員鍼·제침鍉鍼·봉침鋒鍼·피침鈹鍼·원리침員利鍼·호침毫鍼·장침長鍼·대침大鍼. 모양과 쓰이는 용도가 다름.

(3) **間接灸** [간접구] : 뜸법에는 애주艾炷를 직접 혈에 놓고 뜨는 직접구(直接灸·직접뜸)와 혈 부위와 애융 사이에 약물을 놓거나 간격을 두고 뜨는 간접구(間接灸·간접뜸)가 있음. 간접구에는 격염구(隔鹽灸·소금뜸)·격산구(隔蒜灸·마늘뜸)·격강구(隔薑灸·생강뜸)·격부구(隔附灸·부자뜸)·격병구隔餅灸·장사구長蛇灸·애조구(艾條灸·뜸대뜸)·뜸통뜸 등이 있음.

(4) **新鍼療法** [신침요법] : 한의학의 혈위穴位, 경락학설經絡學說, 장상론臟象論 등의 기초 위에 서양의학의 해부생리지식을 참고로 각종 약물, 이학요법理學療法, 외과수술 등의 방법을 결합하여 개발된 새로운 치료법.

(5) **水鍼療法** [수침요법] : 달리 약침요법藥鍼療法이라고도 부름. 주사기를 이용하여 혈穴 부위에 약물을 주입하는 치료법. 주사기를 이용하여 한약으

로 제제한 약침액을 혈에 주입하여 병을 치료하는 방법. 쓰이는 약물들은 병의 상태에 따라 각기 다른 것을 선택함.

(6) **五禽戱** [오금희] : 한나라 명의名醫 화타華佗가 호랑이, 사슴, 곰, 원숭이, 새 등의 활발한 동작을 모방해서 독창적으로 구성한 체조형식의 운동임.

(7) **調氣** [조기] : 치료법의 하나. 기체氣滯, 기역氣逆을 치료하여 기기氣機를 조달평순調達平順하는 치료 방법으로 행기行氣, 강기降氣 등을 포함함.

(8) **調身/調心** [조신/조심] : 몸을 가지런히 하고 조심하여 조화롭게 하는 것[調身]과, 마음을 다스려서 폭노暴怒·폭희暴喜하지 않고 평정지심을 잃지 않도록 다스리는 것[調心]을 이르는 말로 기공에서 주요한 개념.

제4부 생활·한의학 한자쓰기

I. 생활한자 50

1. 聰明

聰	聰	聰				
귀밝을 (총)	귀밝을 (총)	귀밝을 (총)				

明						
밝을(명)						

2. 耳順

耳	耳	耳				
귀(이)	귀(이)	귀(이)				

順						
순할(순)						

3. 從心所欲不踰矩

從	從	從				
좇을(종)	좇을(종)	좇을(종)				

心						
마음(심)						

所						
바(소)						

欲						
욕심(욕)						

不						
아니(불)						

踰						
넘을(유)						

矩						
법(구)						

4. 白眼視 · 白眉

白	白	白				
흰(백)	흰(백)	흰(백)				

眼						
눈(안)						

視						
볼(시)						

眉						
눈썹(미)						

5. 鼻祖

鼻	鼻	鼻				
코(비)	코(비)	코(비)				

祖						
조상(조)						

6. 其臭如蘭

其	其	其				
그(기)	그(기)	그(기)				

臭						
냄새(취)						

如						
같을(여)						

蘭						
난초(란)						

7. 衆口難防

衆	衆	衆				
무리(중)	무리(중)	무리(중)				

口						
입(구)						

難					
어려울 (난)					

防					
막을(방)					

8. 吐哺握髮

吐	吐	吐			
토할(토)	토할(토)	토할(토)			

哺					
먹일(포)					

握					
쥘(악)					

髮					
터럭(발)					

9. 策文 · 對策

策	策	策				
대쪽(책)	대쪽(책)	대쪽(책)				

文						
글월(문)						

對						
대답할 (대)						

10. 童顔

童	童	童				
아이(동)	아이(동)	아이(동)				

顔						
얼굴(안)						

11. 羊頭狗肉

羊	羊	羊				
양(양)	양(양)	양(양)				

頭						
머리(두)						

狗						
개(구)						

肉						
고기(육)						

12. 龍門點額

龍	龍	龍				
용(룡)	용(룡)	용(룡)				

門						
문(문)						

點					
점(점)					

額					
이마(액)					

13. 綠衣紅裳

綠	綠	綠			
푸를(록)	푸를(록)	푸를(록)			

衣					
옷(의)					

紅					
붉을(홍)					

裳					
치마(상)					

14. 天衣無縫

天	天	天				
하늘(천)	하늘(천)	하늘(천)				

衣						
옷(의)						

無						
없을(무)						

縫						
꿰맬(봉)						

15. 淸風兩袖

淸	淸	淸				
맑을(청)	맑을(청)	맑을(청)				

風						
바람(풍)						

兩					
두(량)					

袖					
소매(수)					

16. 珍羞盛饌

珍	珍	珍			
보배(진)	보배(진)	보배(진)			

羞					
음식(수)					

盛					
성할(성)					

饌					
반찬(찬)					

17. 滿喫

滿	滿	滿				
찰(만)	찰(만)	찰(만)				

喫						
먹을(끽)						

18. 數間茅屋

數	數	數				
셈(수)	셈(수)	셈(수)				

間						
사이(간)						

茅						
띠(모)						

屋						
집(옥)						

19. 三顧草廬

三	三	三				
석(삼)	석(삼)	석(삼)				

顧						
돌아볼 (고)						

草						
풀(초)						

廬						
농막집 (려)						

20. 成年式

成	成	成				
이룰(성)	이룰(성)	이룰(성)				

年						
해(년)						

式					
법(식)					

21. 弱冠·筓禮

弱	弱	弱			
약할(약)	약할(약)	약할(약)			

冠					
갓(관)					

筓					
비녀(계)					

禮					
예(례)					

22. 結髮夫婦

結	結	結			
맺을(결)	맺을(결)	맺을(결)			

髮						
터럭(발)						

夫						
지아비 (부)						

婦						
며느리 (부)						

23. 比翼連理

比	比	比				
견줄(비)	견줄(비)	견줄(비)				

翼						
날개(익)						

連						
잇닿을 (련)						

理						
다스릴 (리)						

24. 三年喪

三	三	三				
석(삼)	석(삼)	석(삼)				

年						
해(녀)						

喪						
죽을(상)						

25. 考終命

考	考	考				
상고할 (고)	상고할(고)	상고할(고)				

終						
끝날(종)						

命					
목숨(명)					

26. 幽明・幽冥界

幽	幽	幽			
그윽할 (유)	그윽할 (유)	그윽할 (유)			

明					
밝을(명)					

冥					
어두울 (명)					

界					
지경(계)					

27. 魂飛魄散

魂	魂	魂			
넋(혼)	넋(혼)	넋(혼)			

飛						
날(비)						

魄						
넋(백)						

散						
흩을(산)						

28. 宗廟社稷

宗	宗	宗				
마루(종)	마루(종)	마루(종)				

廟						
사당(묘)						

社						
토지신 (사)						

稷						
곡식신 (직)						

29. 忌祭祀

忌	忌	忌				
기일(기)	기일(기)	기일(기)				

祭						
제사(제)						

祀						
제사(사)						

30. 立春大吉

立	立	立				
설(립)	설(립)	설(립)				

春						
봄(춘)						

大						
큰(대)						

吉						
길할(길)						

31. 三伏炎天

三	三	三				
석(삼)	석(삼)	석(삼)				

伏						
엎드릴 (복)						

炎						
불탈(염)						

天						
하늘(천)						

32. 秋高馬肥

秋	秋	秋				
가을(추)	가을(추)	가을(추)				

高						
높을(고)						

馬						
말(마)						

肥						
살찔(비)						

33. 冬至

冬	冬	冬				
겨울(동)	겨울(동)	겨울(동)				

至						
이를(지)						

34. 一場春夢

一					
한(일)					

場	場	場			
마당(장)	마당(장)	마당(장)			

春					
봄(춘)					

夢					
꿈(몽)					

35. 禽獸會議錄

禽	禽	禽			
날짐승 (금)	날짐승 (금)	날짐승 (금)			

獸					
길짐승 (수)					

會						
모일(회)						

議						
의논할 (의)						

錄						
기록할 (록)						

36. 螢雪之功

螢	螢	螢				
반딧불 (형)	반딧불 (형)	반딧불 (형)				

雪						
눈(설)						

之						
갈(지)						

功						
공(공)						

37. 魚變成龍

魚	魚	魚				
고기(어)	고기(어)	고기(어)				

變						
변할(변)						

成						
이룰(성)						

龍						
용(룡)						

38. 反哺之孝

反	反	反				
되돌릴 (반)	되돌릴 (반)	되돌릴 (반)				

哺						
먹을(포)						

之						
갈(지)						

孝						
효도(효)						

39. 結草報恩

結	結	結				
맺을(결)	맺을(결)	맺을(결)				

草						
풀(초)						

報						
갚을(보)						

恩						
은혜(은)						

40. 歲寒知松柏

歲	歲	歲				
해(세)	해(세)	해(세)				

寒						
찰(한)						

知						
알(지)						

松						
소나무 (송)						

柏						
측백나무 (백)						

41. 雨後竹筍

雨	雨	雨				
비(우)	비(우)	비(우)				

後					
뒤(후)					

竹					
대나무 (죽)					

筍					
죽순(순)					

42. 江湖之樂

江	江	江			
강(강)	강(강)	강(강)			

湖					
호수(호)					

之					
갈(지)					

樂					
즐길(락)					

43. 桑田碧海

桑	桑	桑			
뽕나무 (상)	뽕나무 (상)	뽕나무 (상)			

田					
밭(전)					

碧					
푸를(벽)					

海					
바다(해)					

44. 愚公移山

愚	愚	愚			
어리석을 (우)	어리석을 (우)	어리석을 (우)			

公					
공변될 (공)					

移					
옮길(이)					

山					
뫼(산)					

45. 白頭 · 金剛

白	白	白			
흰(백)	흰(백)	흰(백)			

頭					
머리(두)					

金					
쇠(금)					

剛					
굳셀(강)					

46. 東家食西家宿

東	東	東			
동녘(동)	동녘(동)	동녘(동)			

家					
집(가)					

食					
먹을(식)					

西					
서녘(서)					

宿					
묵을(숙)					

47. 南橘北枳

南	南	南				
남녘(남)	남녘(남)	남녘(남)				

橘						
귤나무 (귤)						

北						
북녘(북)						

枳						
탱자나무 (지)						

48. 合縱連橫

合	合	合				
모일(합)	모일(합)	모일(합)				

縱						
늘어질 (종)						

連					
잇닿을 (련)					

橫					
가로(횡)					

49. 男女七歲不同席

男	男	男			
사내(남)	사내(남)	사내(남)			

女					
계집(녀)					

七					
일곱(칠)					

歲					
해(세)					

不						
아니(불)						

同						
같을(동)						

席						
자리(석)						

50. 垂簾聽政

垂	垂	垂				
드리울 (수)	드리울 (수)	드리울 (수)				

簾						
발(렴)						

聽						
들을(청)						

政						
정사(정)						

Ⅱ. 한의학한자 50

1. 韓醫學

韓	韓	韓				
나라(한)	나라(한)	나라(한)				

醫						
의원(의)						

學						
배울(학)						

2. 四象體質

四	四	四				
넉(사)	넉(사)	넉(사)				

象						
모양(상)						

體					
몸(체)					

質					
바탕(질)					

3. 黃帝內經

黃	黃	黃			
누를(황)	누를(황)	누를(황)			

帝					
임금(제)					

內					
안(내)					

經					
지날(경)					

4. 鄕藥集成方

鄕	鄕	鄕				
시골(향)	시골(향)	시골(향)				

藥						
약(약)						

集						
모일(집)						

成						
이룰(성)						

方						
모(방)						

5. 東醫寶鑑

東	東	東				
동녘(동)	동녘(동)	동녘(동)				

醫					
의원(의)					

寶					
보배(보)					

鑑					
거울(감)					

6. 傷寒論

傷	傷	傷			
다칠(상)	다칠(상)	다칠(상)			

寒					
찰(한)					

論					
논할(론)					

7. 陰陽五行

陰	陰	陰				
그늘(음)	그늘(음)	그늘(음)				

陽						
볕(양)						

五						
다섯(오)						

行						
다닐(행)						

8. 五臟六腑

五	五	五				
다섯(오)	다섯(오)	다섯(오)				

臟						
오장(장)						

六					
여섯(육)					

腑					
육부(부)					

9. 肝·心·脾·肺·腎

肝	肝	肝			
간(간)	간(간)	간(간)			

心					
마음(심)					

脾					
지라(비)					

肺					
허파(폐)					

腎						
콩팥(신)						

10. 虛實

虛	虛	虛				
빌(허)	빌(허)	빌(허)				

實						
열매(실)						

11. 藏象論

藏	藏	藏				
감출(장)	감출(장)	감출(장)				

象						
형상(상)						

論					
논할(론)					

12. 相生 · 相剋

相	相	相			
서로(상)	서로(상)	서로(상)			

生					
날(생)					

剋					
이길(극)					

13. 五官 · 五體 · 五味 · 五聲 · 五臭 · 五液

五	五	五			
다섯(오)	다섯(오)	다섯(오)			

官						
벼슬(관)						

體						
몸(체)						

味						
맛(미)						

聲						
소리(성)						

臭						
냄새(취)						

液						
진(액)						

14. 身體部位

身	身	身				
몸(신)	몸(신)	몸(신)				

體						
몸(체)						

部						
떼(부)						

位						
자리(위)						

15. 經絡 · 經穴

經	經	經				
지날(경)	지날(경)	지날(경)				

絡						
이을(락)						

穴						
구멍(혈)						

16. 頭腦 · 頸項

頭	頭	頭				
머리(두)	머리(두)	머리(두)				

腦						
골(뇌)						

頸						
목(경)						

項						
목(항)						

17 上肢 · 下肢

上	上	上				
윗(상)	윗(상)	윗(상)				

下					
아래(하)					

肢					
사지(지)					

18. 皮膚 · 肌肉

皮	皮	皮			
가죽(피)	가죽(피)	가죽(피)			

膚					
살갗(부)					

肌					
살가죽 (기)					

肉					
고기(육)					

19. 關節

關	關	關				
관계할 (관)	관계할 (관)	관계할 (관)				

節						
마디(절)						

20. 手指·手掌·足趾·足掌

手	手	手				
손(수)	손(수)	손(수)				

指						
가리킬 (지)						

掌						
손바닥 (장)						

足						
발(족)						

趾						
발(지)						

21. 爪甲

爪	爪	爪				
손톱(조)	손톱(조)	손톱(조)				

甲						
갑옷(갑)						

22. 肩·腋·肘·髆

肩	肩	肩				
어깨(견)	어깨(견)	어깨(견)				

腋						
겨드랑이 (액)						

肘						
팔꿈치 (주)						

膊						
팔뚝(박)						

23. 腕·腹·臍

腕	腕	腕				
팔뚝(완)	팔뚝(완)	팔뚝(완)				

腹						
배(복)						

臍						
배꼽(제)						

24. 下竅 · 前陰 · 後陰

下	下	下				
아래(하)	아래(하)	아래(하)				

竅						
구멍(규)						

前						
앞(전)						

後						
뒤(후)						

陰						
그늘(음)						

25. 大腿 · 小腿

大	大	大				
클(대)	클(대)	클(대)				

小					
작을(소)					

腿					
넓적다리 (퇴)					

26. 膕·膝蓋

膕	膕	膕			
오금(괵)	오금(괵)	오금(괵)			

膝					
무릎(슬)					

蓋					
덮을(개)					

27. 營氣·氣血·原氣

營	營	營			
경영할 (영)	경영할 (영)	경영할 (영)			

氣						
기운(기)						

血						
피(혈)						

原						
근원(원)						

28. 生老病死

生	生	生				
날(생)	날(생)	날(생)				

老						
늙을(노)						

病						
병(병)						

死						
죽을(사)						

29 病患·病因

病	病	病				
병(병)	병(병)	병(병)				

患						
근심(환)						

因						
인할(인)						

30. 七情傷

七	七	七				
일곱(칠)	일곱(칠)	일곱(칠)				

情					
뜻(정)					

傷					
다칠(상)					

31. 喜·怒·憂·思

喜	喜	喜			
기쁠(희)	기쁠(희)	기쁠(희)			

怒					
성낼(로)					

憂					
근심(우)					

思					
생각(사)					

32. 悲·驚·恐

悲	悲	悲				
슬플(비)	슬플(비)	슬플(비)				

驚						
놀랄(경)						

恐						
두려울 (공)						

33. 痰飮

痰	痰	痰				
가래(담)	가래(담)	가래(담)				

飮						
마실(음)						

34. 疼痛

疼	疼	疼				
아플(동)	아플(동)	아플(동)				

痛						
아플(통)						

35. 痺證

痺	痺	痺				
저릴(비)	저릴(비)	저릴(비)				

證						
증거(증)						

36. 筋惕肉瞤

筋	筋	筋				
힘줄(근)	힘줄(근)	힘줄(근)				

惕						
두려워할 (척)						

肉						
고기(육)						

瞤						
쥐날(순)						

37. 噎膈

噎	噎	噎				
목멜(열)	목멜(열)	목멜(열)				

膈						
가슴(격)						

38. 消渴

消	消	消				
사라질 (소)	사라질 (소)	사라질 (소)				

渴						
목마를 (갈)						

39. 診斷 · 脈診

診	診	診				
진찰할 (진)	진찰할 (진)	진찰할 (진)				

斷						
끊을(단)						

脈						
줄기(맥)						

40. 舌苔

舌	舌	舌				
혀(설)	혀(설)	혀(설)				

苔					
이끼(태)					

41. 背兪穴

背	背	背			
등(배)	등(배)	등(배)			

兪					
나라이름 (수)					

穴					
구멍(혈)					

42. 升降浮沈

升	升	升			
오를(승)	오를(승)	오를(승)			

降						
내릴(강)						

浮						
뜰(부)						

沈						
잠길(침)						

43. 法製

法	法	法				
법(법)	법(법)	법(법)				

製						
지을(제)						

44. 鍼灸治療

鍼	鍼	鍼				
침(침)	침(침)	침(침)				

灸					
뜸(구)					

治					
다스릴 (치)					

療					
고칠(료)					

45. 附缸

附	附	附			
붙을(부)	붙을(부)	붙을(부)			

缸					
항아리 (항)					

46. 推拏

推	推	推			
밀(추)	밀(추)	밀(추)			

挐					
붙잡을 (나)					

47. 氣功

氣	氣	氣			
기운(기)	기운(기)	기운(기)			

功					
공(공)					

48. 補瀉

補	補	補			
기울(보)	기울(보)	기울(보)			

瀉					
쏟을(사)					

49. 五禽戱

五	五	五				
다섯(오)	다섯(오)	다섯(오)				

禽						
날짐승 (금)						

戱						
희롱할 (희)						

50. 調身·調心

調	調	調				
고를(조)	고를(조)	고를(조)				

身						
몸(신)						

心						
마음(심)						

생활한자와 한의학

초판 1쇄 인쇄일   2023년 2월 24일
초판 1쇄 발행일   2023년 3월 3일

지 은 이   반재유·유준상
만 든 이   이정옥
만 든 곳   행림서원
서울시 은평구 수색로 340 〈202호〉
전화 : 02) 375-8571
팩스 : 02) 375-8573
이메일   pyung1976@naver.com
등록번호 25100-2015-000103호
ISBN 979-11-89061-14-2 03700
정 가 16,000원